日本IG人氣作家教你打造
獨創表格x拆解步

我的休日旅行手帳

day3
morning
walking
sweets
shopping
ONOMICHI
KURE
500
ARCHITECTURE
SUNSET
BEER
海軍さんの
麦酒

DAY 3
7:00 起床
11:00 ブランチ@WAGAS
13:45 ホテル着
15:15 空港着
SPREAD THE BAGEL
BAKER & SPICE
BOOM BOOM BAGELS
上海
原味
黒白芝麻
全麦
芝麻
浦西公寓

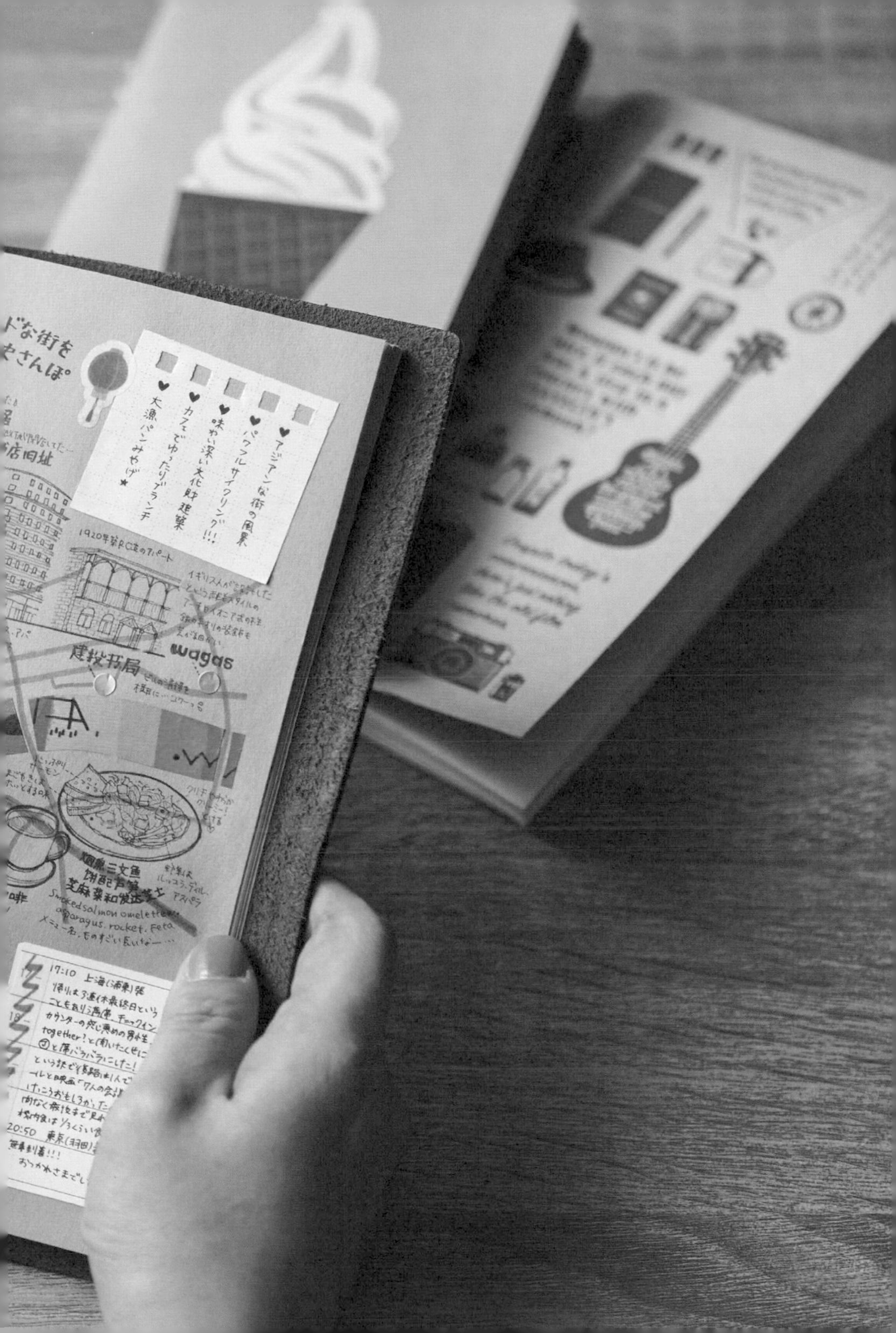

アジアンな街の風景
パワフルサイクリング!!!
味わい深い文化財建築
カフェでゆったりブランチ
大漁パンみやげ★
wagas

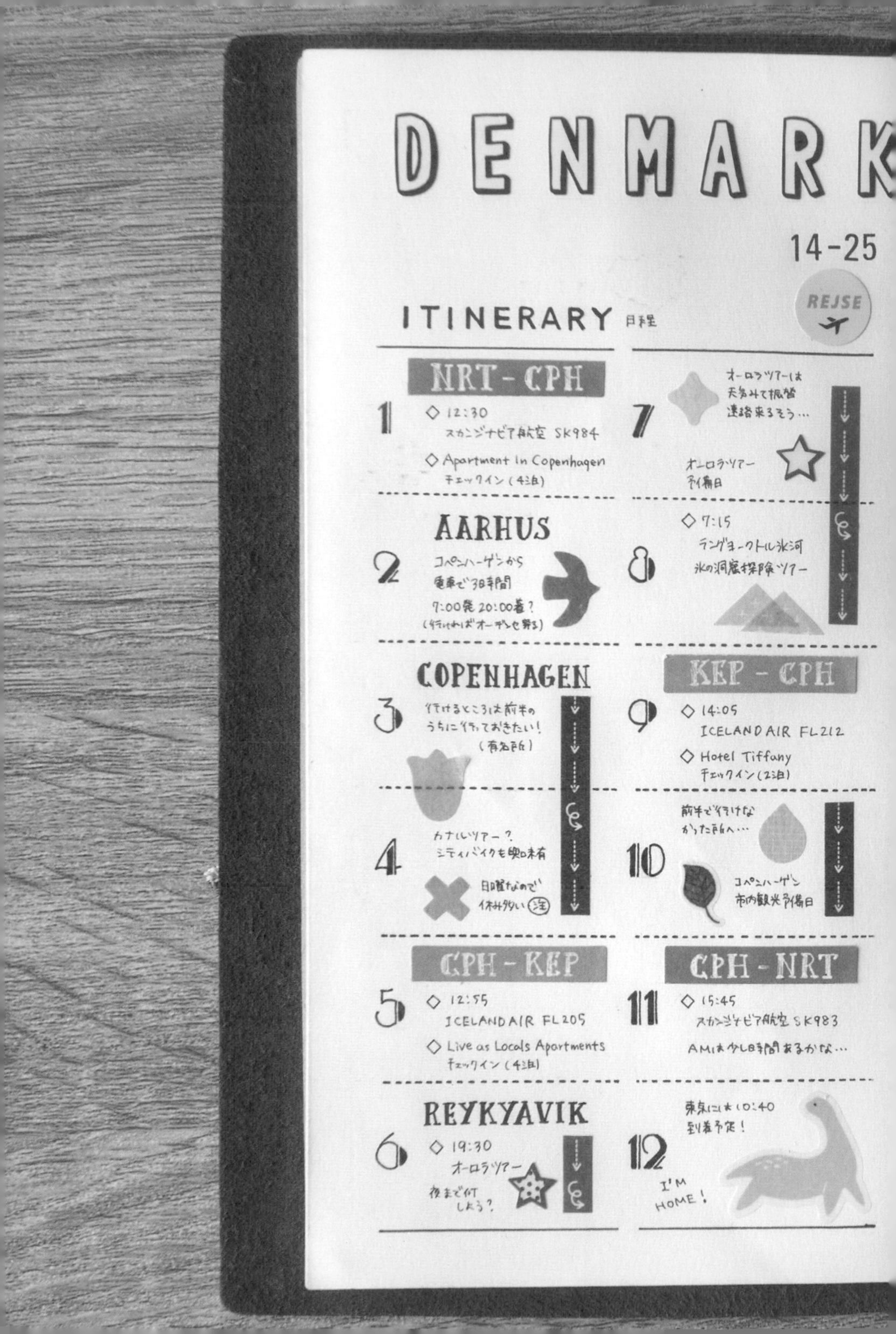
DENMARK
14-25
REJSE
ITINERARY 日程
NRT-CPH
1
◇ 12:30
スカンジナビア航空 SK984
◇ Apartment in Copenhagen
チェックイン（4泊）
AARHUS
2
コペンハーゲンから
電車で3時間
7:00発 20:00着？
（行ければオーデンセ寄る）
COPENHAGEN
3
行けるところは前半の
うちに行っておきたい！
（有名所）
4
カナルツアー？
シティバイクも興味有
日曜なので
休み多い 注
CPH-KEF
5
◇ 12:55
ICELANDAIR FL205
◇ Live as Locals Apartments
チェックイン（4泊）
REYKYAVIK
6
◇ 19:30
オーロラツアー
夜まで何
しよう？
7
オーロラツアーは
天気みて振替
連絡来るそう…
オーロラツアー
予備日
8
◇ 7:15
ラングヨークトル氷河
氷の洞窟探険ツアー
KEF-CPH
9
◇ 14:05
ICELANDAIR FL212
◇ Hotel Tiffany
チェックイン（2泊）
10
前半で行けな
かった所へ…
コペンハーゲン
市内観光予備日
CPH-NRT
11
◇ 15:45
スカンジナビア航空 SK983
AMは少し時間あるかな…
12
東京には10:40
到着予定！
I'M
HOME！

HEME
旅のテーマ
2019 MARCH
デザインセンスを磨く旅
スカンジナビア・デザインの魅力とは？
デザイン⇕現実的な社会との結びつけ
また自分宛の手紙を出そう♪
NLÆGNINGSTID
グリーンランド
（デンマーク領）
ICELAND
アイスランド
レイキャヴィーク
大西洋
DENMARK
デンマーク
北海
コペンハーゲン
MAP 旅程図
TO DO したいこと
EAT
チーズ
ビール
ライ麦パン
シナモンロール
ロヒッド
キャロットケーキ
スモーブロー
ラム肉
ホットドッグ
ニシンの酢漬け＆フライ
ヒラメのフライ
フラゲドポーク
BUY
Irmaグッズ
ライ麦パン
シナモンロール
北欧系musicのCD
おしゃれなファブリック
雑貨、文具（HAY、normann）
GO
ニューハウン
ルイジアナ美術館
クリスチャニア
ストロイエ通り
王立劇場 プレイハウス
王立図書館（ブラック・ダイアモンド）
ラディソンコレクションホテル ロイヤル
国立銀行
オーフス市庁舎
オーデンセの街並
グルントヴィークス教会
アブサロン教会
スーパーキーレン
コペンハーゲン中央図書館
トーヴハーレン
デザインセンター
ラングヨークトル氷河
オーロラ
現地のカフェ
HUSK HYGGE
ICELAND

寫在開始之前 **Prologue**

旅行是一段自由、開心又無與倫比的奢侈時光，但歡樂時光卻稍縱即逝。

正因如此，許多人才希望透過某種方式將旅行紀錄下來吧。

用旅途中帶回的紀念品裝飾房間、將精挑細選的照片做成相簿、讓風景深深烙印在腦海……記錄方式不勝枚舉。但因為智慧型手機和社群網站的普及，我們進入了無論是誰都能輕鬆保留、分享回憶的時代。

即便如此，「我『就算費時費工』都想做一本旅行手帳！」的理由──那一定是因為，如果做成手帳，就能留下照片也難拍出的旅行細節和內心被強烈撼動的瞬間。

路邊攤買小吃時飄散的好吃香味、大自然中接觸到大瀑布的水花，或是在初次造訪的陌生國度公車上，擔心自己能否順利抵達飯店的緊張感；還有猶豫要不要買，最後沒買成的伴手禮……

記錄這些旅行細節和瞬間的旅行手帳，是自己旅行的「證明」，反映著當時生龍活虎的自己。每當回頭翻看，記憶就會栩栩如生地浮現，彷彿又旅行了無數次。

這本書裡裝載了旅行手帳的魅力，還有各種自由發揮創意、開心創作的點子。

希望能將「留下屬於我的旅行記憶」的這份樂趣，傳達給更多人。

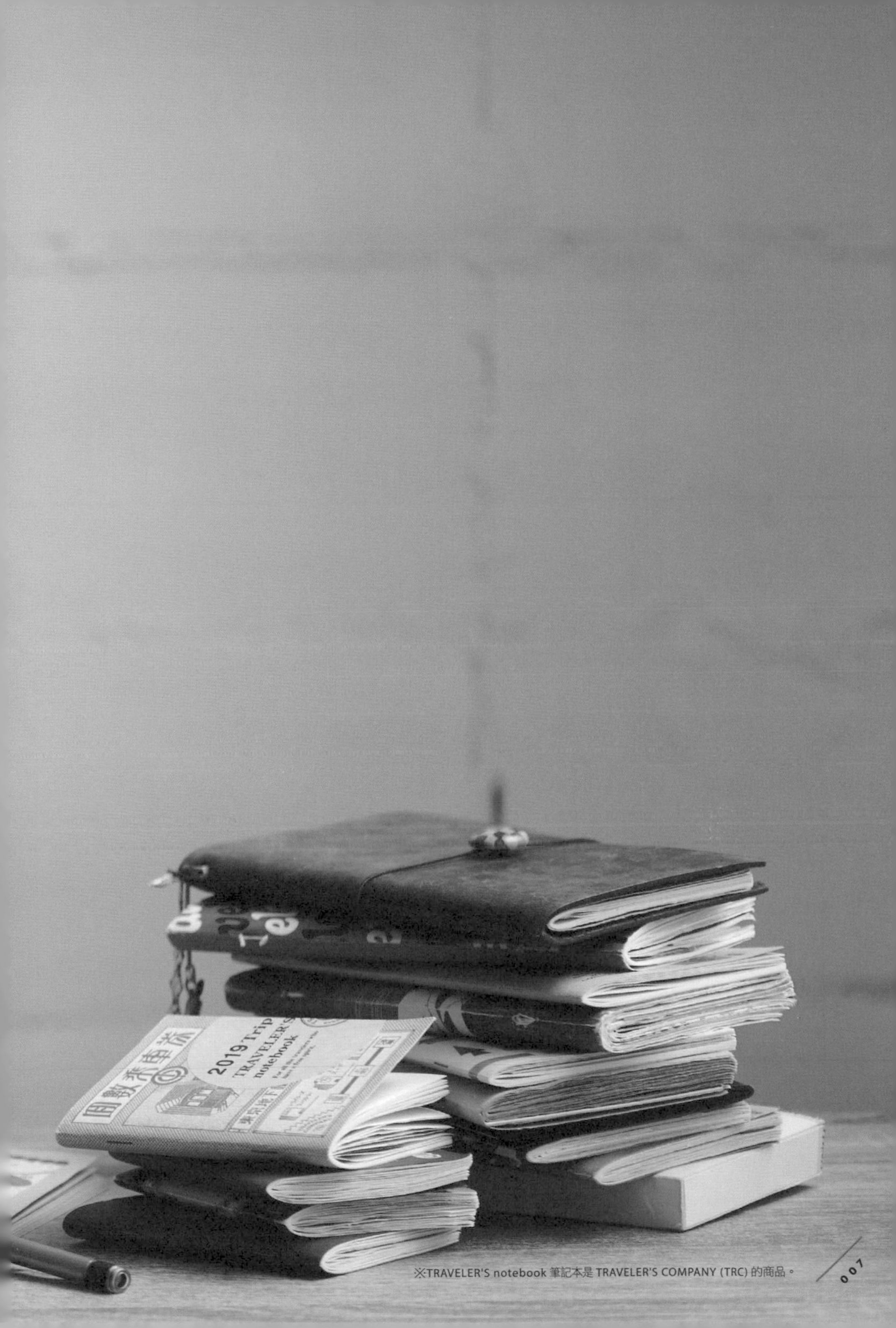
2019 Trip
TRAVELER'S
notebook

※TRAVELER'S notebook 筆記本是 TRAVELER'S COMPANY (TRC) 的商品。

搭配「旅行情境」使用手帳吧

旅行手帳的書寫方式
從「邊旅行邊寫」到「依循旅途回憶來記錄」各式各樣，
可以搭配旅行情境來整理。
無論從哪一個階段、哪一個頁面，請選擇自己想寫的事物挑戰看看。

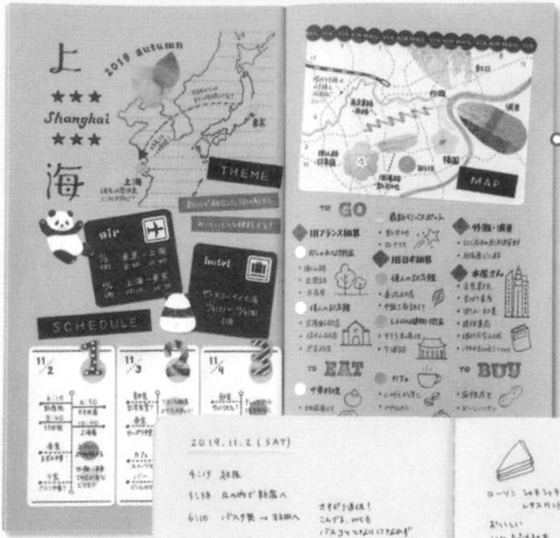

上
Shanghai
海
THEME
MAP
SCHEDULE
GO
EAT
BUY

行前手帳

旅後手帳

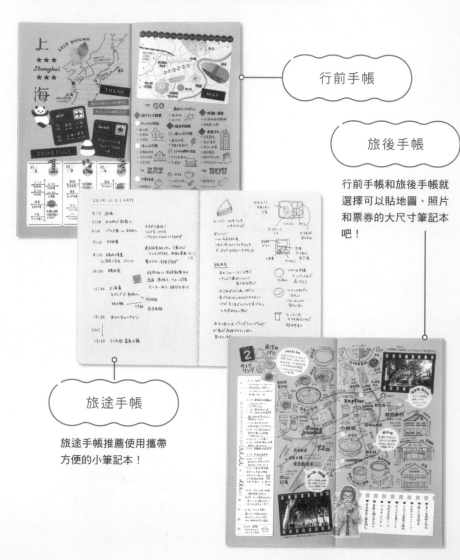

行前手帳和旅後手帳就
選擇可以貼地圖、照片
和票券的大尺寸筆記本
吧！

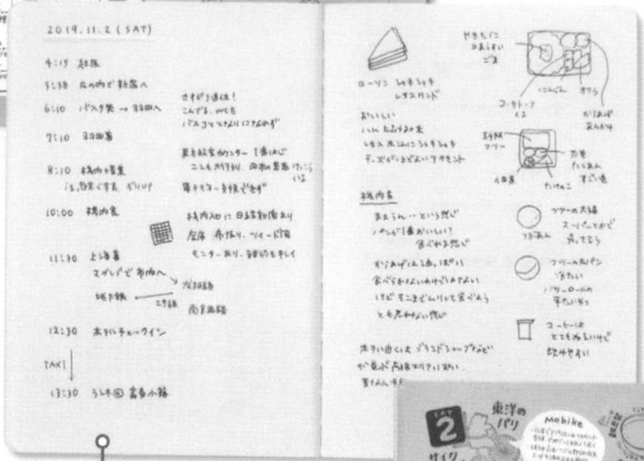

2019.11.2 (SAT)

旅途手帳

旅途手帳推薦使用攜帶
方便的小筆記本！

Before Travel

1

行前手帳

出發前的旅行計畫和旅遊地資訊的彙整，別名「旅遊手冊」。將查到的資訊和計畫整理成冊後，更容易想像在當地的行程，心情也跟著興奮起來。

During Travel

2

旅途手帳

寫下旅途中發生的大小事和體會。趁著還沒有忘記當下真實感受和細節時寫成文字，旅行的體驗會變得更加豐富！

After Travel

3

旅後手帳

回家後將旅遊地的行程和回憶寫下來。除了文字，還有照片、插畫和當地收集到的物品，發揮自由創意將旅遊地點的氛圍好好地收起，無論何時都想拿出來重溫！

製作旅行手帳的重點　Point

目標是做出「好讀、好懂、有魅力」的旅行手帳。
以下介紹製作時需要留意的5個重點，讓手帳如好書般，
吸引人一讀再讀。

Point 1

統整在「一個跨頁」一眼覽盡當天的回憶

為了讓人一眼了解內容，原則上以「一個跨頁」為一個段落。如果內容太多寫不下，可以貼另一張紙或採取其他方式，盡量維持在同一個頁面。

Point 2

制定版面配置「規則」讓頁面更有條理

就像我們在設計室內收納的時候一樣，要將文字、照片、插畫和許多旅遊資訊，安排在有限的空間。設定「不起眼的東西放在左上角」、「從體積大的東西照順序排列」，這樣整理和排版的規則非常重要。

Point
3

讓時間和空間的「流動」被看見

遊記中有故事，能讓讀者感受戲劇性和興高采烈的心情。同樣地，也可以在旅行手帳中，製作自己的腳步歷程。不是排列各種片段的流水帳，而是整理出時序，設法將所有的回憶集合成一個故事。

Point
4

配合內容區分使用照片、插圖和文字

想呈現風景等整體氛圍時貼照片、想凸顯個體特色時畫圖，聲音和味道口感這些無法可視化的東西就用文字……搭配自己想表達的內容，選擇最有表現力、能吸引目光的手法吧！比起會不會畫畫，如何明確表達才是最重要的。

Point
5

建立顏色和排版的一致性

紙本筆記本是三度空間的立體物品，除了單看頁面，一頁頁翻閱時的整體感塑造至關重要。日期和活動歷程等同一主題的內容，在不同頁面重複出現時，保持顏色和版面的一致性，讓讀者知道這來自前面的延續。

工具清單　Tool list

1
2
3
4
5
6
7
8
9
10
11
12
13
14
15
16
FOAM ERASER
PILOT
安心・強力!
セメダイン
木工用
木・紙・布・皮用
131015
Pentel
Slim
シワなしPiT S
STAEDTLER
R'S MUSIC

以下介紹我製作手帳時使用的工具們。
選擇對自己好用又喜歡的文具和筆記本，製作過程也會愈來愈開心喔！

18
19
17
25
24
23
22
20
21
FABER-CASTELL

①墊板　②橡皮擦
③口紅膠　④木工白膠
⑤滾輪式雙面膠　⑥立可白
⑦刀片、切割墊
⑧鐵尺（大、小）
⑨剪刀　⑩圓規
⑪塑膠製圖案尺
（很適合用來畫出整齊的勾選框口，當然也是很棒的尺！）

⑫雲形尺（畫柔和曲線時很方便）
⑬紙膠帶
⑭夾式紙膠帶切割器
（稍鋸齒狀的刀口很加分）
⑮美術紙、和紙等等
⑯貼紙　⑰印章
⑱色鉛筆（用於插圖和整體著色）
⑲彩色筆
（餐具圖案等細節和點綴部分的著色）
⑳ 2mm粗芯自動鉛筆、自動鉛筆
（大綱和插圖的草稿用）
㉑黑筆 × 3
（uni STYLE FIT 0.28mm 用來寫註解小文字，FABER-CASTELL PITT 藝術筆 XS,S 用來畫插畫）

㉒灰筆 × 2
（ZEBRA 雙頭極細筆畫插畫，FABER-CASTELL PITT 藝術筆 B 用來畫地圖上的大馬路等等）

㉓牛奶筆
（PILOT Juice 果汁筆 0.4mm，寫黑紙時使用）
㉔金、銀筆
（ZEBRA SARASA 1.0mm，可以在黑紙上畫出燦爛燈光，也適合畫星星來裝飾貼紙）
㉕ **TRAVELER'S notebook 筆記本**
標準尺寸的牛皮紙內頁筆記本
（最喜歡摸起來粗沙感的紙質！使用時間愈久愈有感情的心頭好筆記本 ）

目次 **Contents**

日本国
旅券
JAPAN
PASSPORT
Canon
上
Shanghai
海
2019 autumn
東京
上海
THEME
MAP
VIA AIR MAIL
虹口
浦東
外灘
豫園
田子坊
新天地
南京東路・西路
air
東京→上海
上海→東京
hotel
ザ・スコータイ上海
2泊
SCHEDULE
TO GO
旧フランス租界
最新リバスポット
外灘・浦東
旧日本租界
偉人の記念館
本屋さん
レトロな建物・街並
1984 BookStore
TO EAT
中華料理
カフェ
スイーツ
パン
HEY TEA
WAGAS
sproutworks
CITIZEN
GREYBOX COFFEE
Spread the Bagel
Baker&Spice
TO BUY
麻辣花生
TO DO

2005年
2016~
www.arukikata.co.jp
TRAVEL GUIDEBOOK
上海
杭州
Shanghai Hangzhou Suzhou

Chapter 1

出發前動工的
行前手帳

Before Travel notebook

出門旅行的興奮感
從出發前就開始了。
即使是認為
「查資料用手機就沒問題！」的人，
要不要也試試「行前手帳」
當作旅遊新夥伴呢？

來做行前手帳吧　Beginning

記錄出發前的準備階段
所製作的旅行計畫。
用自己的風格和專屬於自己的方式，
製作旅行社行程表上沒有的
客製化旅行吧！

==> p29

目的地・旅行主題

將目的地當作標題，再具體地決定自己的主題，就是一個與平時截然不同的開始。很適合用在對同樣的旅行模式失去新鮮感的時候。

交通方式・住宿地點

交通和住宿相關資訊是重要項目。也可以再次確認，以避免搭不到車等情況發生，記得認真寫喔！

==> p26

行程表

將旅遊行程表重新整理成筆記，可以讓抵達當地後的行動更容易在腦海中浮現。

上海
2019 autumn
Shanghai
上海
air
11/2 (土) 東京 - 上海 8:40 10:40
11/4 (月) 上海 - 東京 20:30
hotel
2泊
SCHEDULE
11/2
11/3
11/4
6:10 新宿発
8:40 羽田発
6:50 羽田着
10:40 上海着
昼食
夕食
朝食
カフェ
バー
17:00
17:10 上海発

VIA AIR MAIL
虹口
外灘
浦東
南京東路・西路
豫園
田子坊
淮海路 新天地
MAP
TO GO
旧フランス租界
おしゃれな街並
最新リノベスポット
新天地
田子坊
旧日本租界
偉人の記念館
魯迅故居
中国工商銀行
レトロな建物・街並
933老場坊
乍浦路
外灘・浦東
20C前半の西洋建築群
超高層ビル群
本屋さん
朵雲書院
芸術書房
衡山・和集
建投書局
1984 BookStore
TO EAT
中華料理
スイーツ
カフェ
WAGAS
Sproutworks
CITIZEN
GREYBOX COFFEE
パン
Spread the Bagel
Baker&Spice
TO BUY
麻辣花生
おいしいパン
TO DO

==> p28

分區地圖

放一張地圖應該會拉近與旅遊地點的距離。可以將旅遊書上的地圖縮小影印，或是挑戰手繪地圖更親近。

==> p27

TODO 待辦清單

TODO 待辦清單是展開行動的開關，確定想做的事可以了解自己的喜好，旅遊計畫也能更有效率地進行。

用旅行計畫表統整資訊

開始做手帳之前，先用旅行計畫表統整旅行計畫。
這裡準備了不同主題可以使用的資料整理表。
無論是作為手帳的草稿，或是認真寫好直接貼在手帳上都 **OK**。
請自由使用～

掃描
p126的QR Code
下載！

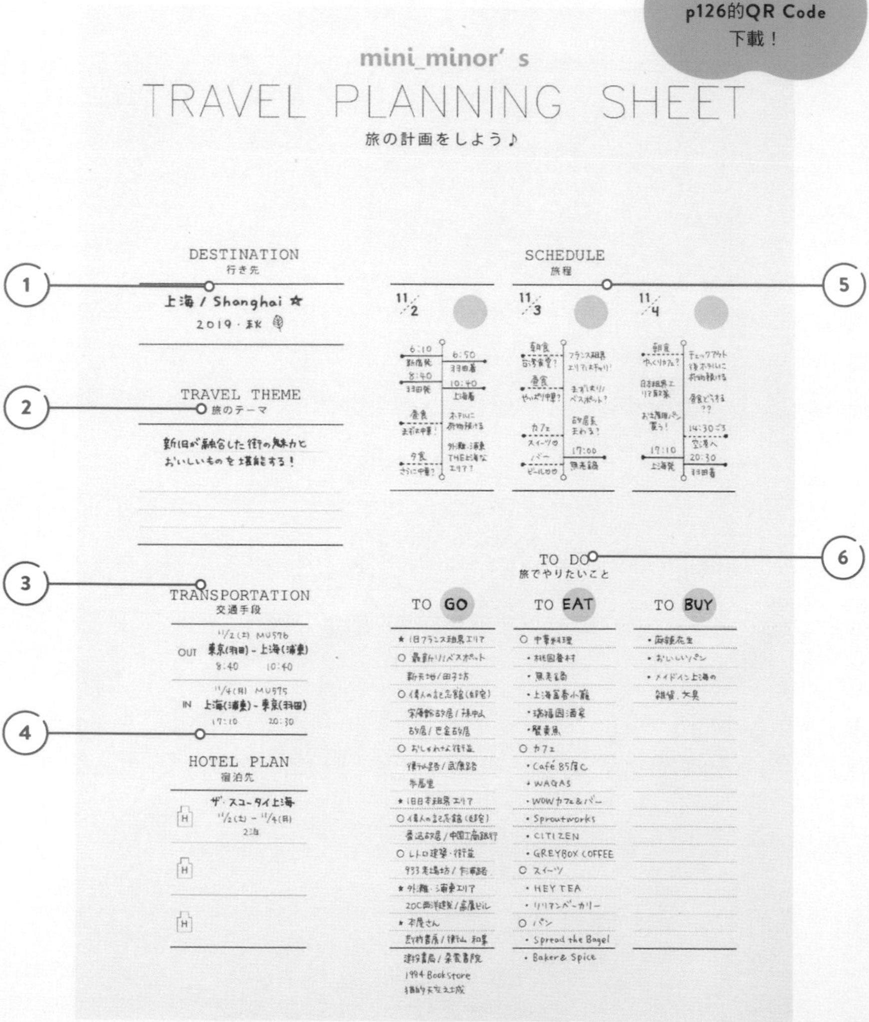
mini_minor' s
TRAVEL PLANNING SHEET
旅の計画をしよう♪
DESTINATION
行き先
上海 / Shanghai
2019・秋
TRAVEL THEME
旅のテーマ
TRANSPORTATION
交通手段
OUT
IN
HOTEL PLAN
宿泊先
SCHEDULE
旅程
TO DO
旅でやりたいこと
TO GO
TO EAT
TO BUY
1
2
3
4
5
6

◉計畫表的寫法

1 目的地

寫下國家、城市或地名等目的地的名稱吧～加上年月或季節等資訊也能增添旅遊的實感！

2 旅行主題

儘量用短句將自己最期待和最有興趣的部分寫下來。如果內容比較長，可以將標題和內文分開。

3 交通方式

寫下飛機或高鐵等主要的交通方式，除了起訖地點和時刻，班次名稱也可以一併記錄。

4 住宿地點

寫下飯店或旅館的名稱和住宿天數等等，必要時可以補充地址和交通方式等其他資訊。

5 行程

寫下每天的概略行程，也可以補充接送或用餐的有無、自費行程等資訊。

==> p26

6 TODO待辦清單

利用旅遊書和網路蒐集想去的地方和想吃的食物等資料，寫下目前能想到的待辦清單吧～訣竅是不要思考太多喔！

==> p27

如何確定版面

簡單來說，版面就是元素的「配置」。
等於是決定要把計畫表整理出的各項主題，放在頁面的哪個位置。
可以想成在頁面中，規劃每一個元素該被收納的「地方」。
位置大致決定後就用鉛筆畫線吧！

考慮到視線的移動，頁面左上角放「目的地・旅行主題」更容易被看見。

思考各項主題的位置時，如果不知道需要多大的空位，建議將計畫表剪開試著放放看。

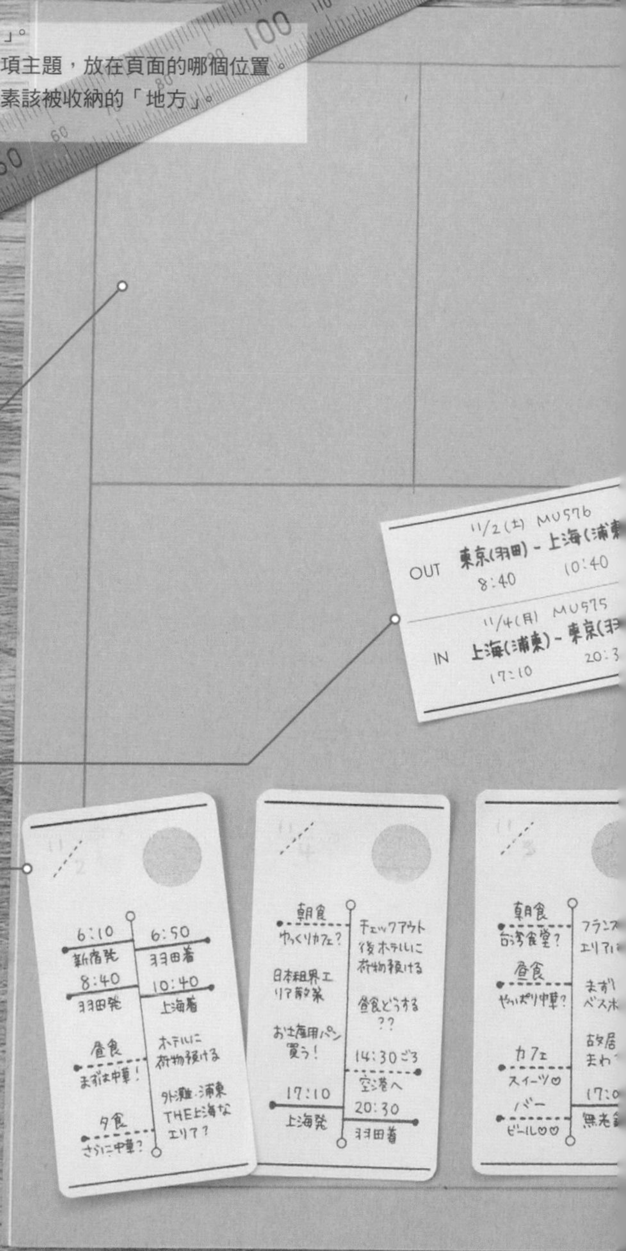

11/2(土) MU576
OUT 東京(羽田) - 上海(浦東
8:40 10:40
11/4(月) MU575
IN 上海(浦東) - 東京(羽
17:10 20:3
6:10 6:50
新宿発 羽田着
8:40 10:40
羽田発 上海着
昼食 ホテルに荷物預ける
まずは中華！
外灘・浦東 THE上海なエリア？
夕食
さらに中華？
朝食 チェックアウト後ホテルに荷物預ける
やっぱりカフェ？
日本租界エリア散策
昼食どうする？？
お土産用パン買う！
14:30ごろ 空港へ
17:10 20:30
上海発 羽田着
朝食
台湾食堂？
昼食
やっぱり中華？
カフェ
スイーツ♡
バー
ビール♡♡

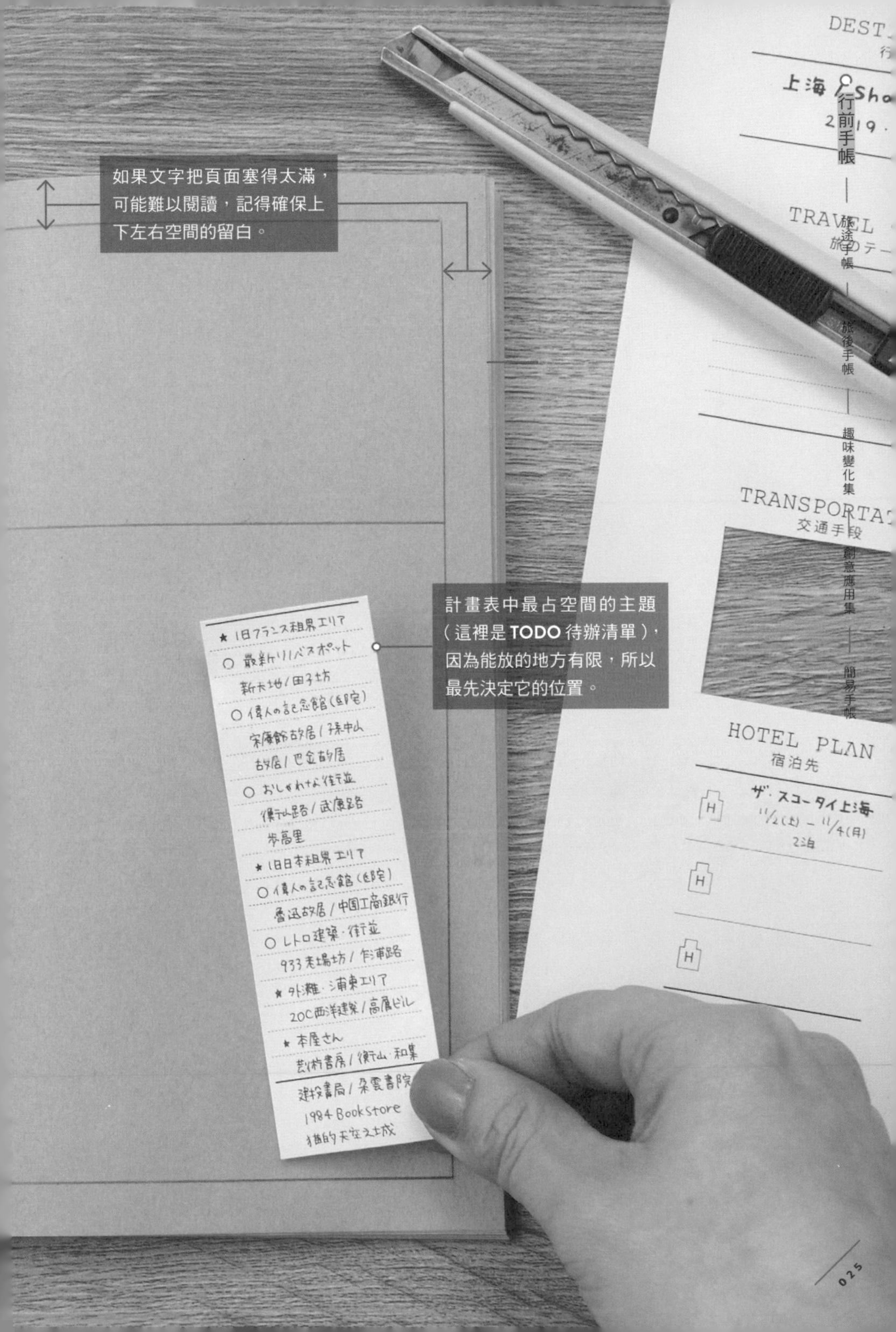
★ 1日フランス租界エリア
○ 最新リノベスポット
新天地/田子坊
○ 偉人の記念館(旧宅)
宋慶齢故居/孫中山
故居/巴金故居
○ おしゃれな街並
衡山路/武康路
歩高里
★ 1日日本租界エリア
○ 偉人の記念館(旧宅)
魯迅故居/中国工商銀行
○ レトロ建築・街並
933老場坊/多倫路
★ 外灘・浦東エリア
20C西洋建築/高層ビル
★ 本屋さん
芸術書房/衡山・和集
建投書局/朵雲書院
1984 Bookstore
猫的天空之城
上海
交通手段
HOTEL PLAN
宿泊先
ザ・スコータイ上海
11/2(土) - 11/4(月)
2泊

如果文字把頁面塞得太滿，可能難以閱讀，記得確保上下左右空間的留白。

計畫表中最占空間的主題（這裡是 TODO 待辦清單），因為能放的地方有限，所以最先決定它的位置。

行程表的寫法

為了節省空間又讓人一目了然，這邊介紹寫法的幾個重點。
這次雖然將計畫表直接貼在頁面上製作手帳，
但也可以用自己的風格重新設計。

before

1 左上角斜線部分寫日期。

2 左上角的●寫上當天是旅行的第幾天，這次會用數字貼紙所以先空著。

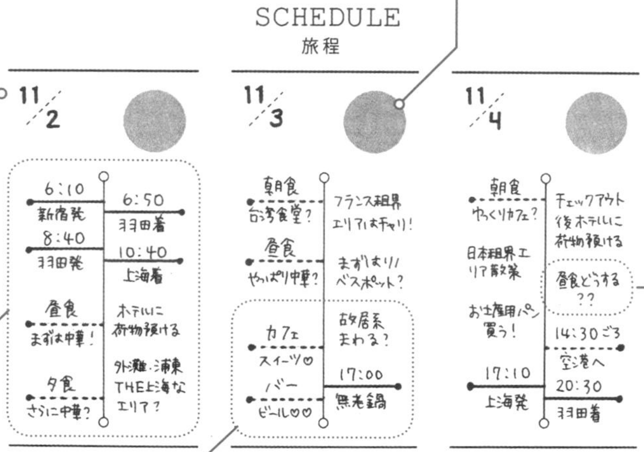

SCHEDULE
旅程
11/2
6:10
新宿発
8:40
羽田発
6:50
羽田着
10:40
上海着
昼食
まずは中華!
ホテルに
荷物預ける
夕食
さらに中華?
外灘・浦東
THE上海な
エリア?
11/3
朝食
台湾食堂?
フランス租界
エリアはチャリ!
昼食
やっぱり中華?
カフェ
スイーツ♡
バー
ビール♡♡
故居系
まわる?
17:00
11/4
朝食
ゆっくりカフェ?
チェックアウト
後ホテルに
荷物預ける
日本租界エリア散策
昼食どうする
??
お土産用パン
買う!
14:30ごろ
空港へ
17:10
上海発
20:30
羽田着

5 空位可以寫下正在考慮的活動和注意事項等等。

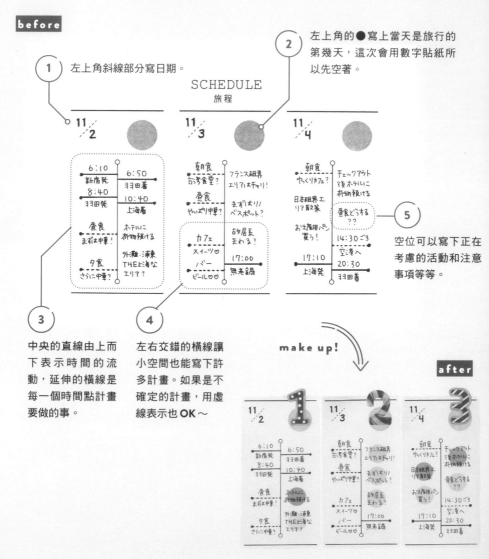

3 中央的直線由上而下表示時間的流動，延伸的橫線是每一個時間點計畫要做的事。

4 左右交錯的橫線讓小空間也能寫下許多計畫。如果是不確定的計畫，用虛線表示也OK～

make up!

after

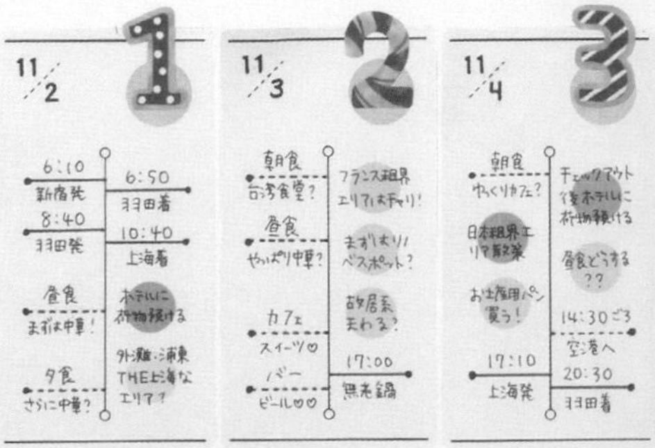

怎麼寫TODO待辦清單

基本上只是將想做的事條列式寫成清單，
可以直接依照計畫表的內容寫在頁面上。
手寫能夠讓興奮之情躍然於紙上，不妨挑戰看看！

before

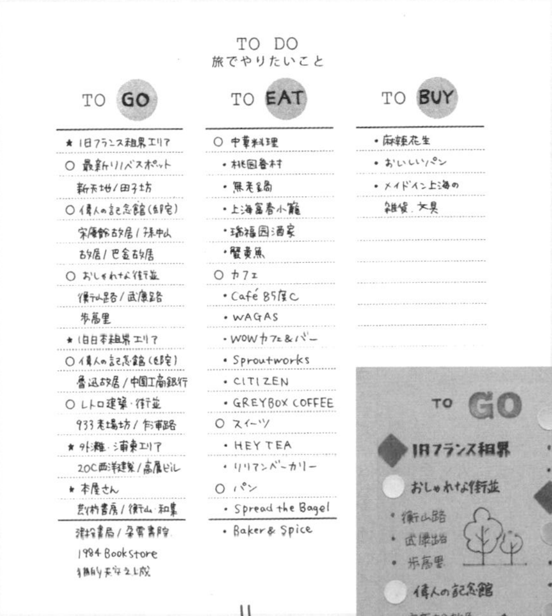
TO DO
旅でやりたいこと
TO GO
★ 旧フランス租界エリア
○ 最新リノベスポット
新天地／田子坊
○ 偉人の記念館(邸宅)
宋慶齢故居／孫中山
故居／巴金故居
○ おしゃれな街並
衡山路／武康路
歩高里
★ 旧日本租界エリア
○ 偉人の記念館(邸宅)
魯迅故居／中国工商銀行
○ レトロ建築・街並
933老場坊／乍浦路
★ 外灘・浦東エリア
20C西洋建築／高層ビル
★ 本屋さん
芸術書房／衡山・和集
建投書局／朵雲書院
1984 Bookstore
猫的天空之城
TO EAT
○ 中華料理
・桃園眷村
・無老鍋
・上海富春小籠
・瑞福園酒家
・蟹黄魚
○ カフェ
・Café 85度C
・WAGAS
・WOWカフェ&バー
・Sproutworks
・CITIZEN
・GREYBOX COFFEE
○ スイーツ
・HEY TEA
・リリアンベーカリー
○ パン
・Spread the Bagel
・Baker & Spice
TO BUY
・麻辣花生
・おいしいパン
・メイドイン上海の
雑貨、文具

Sheet

首先，只要有「想去」、「想吃」、「想買」這三項就OK。如果還有其他想做的事，可以自由寫在●後面。

after

TO GO
旧フランス租界
おしゃれな街並
・衡山路
・武康路
・歩高里
偉人の記念館
・宋慶齢故居
・孫中山故居
・巴金故居
最新リノベスポット
・新天地
・田子坊
旧日本租界
偉人の記念館
・魯迅故居
・中国工商銀行
レトロな建物・街並
・933老場坊
・乍浦路
外灘・浦東
・20C前半の西洋建築群
・超高層ビル群
本屋さん
・朵雲書院
・芸術書房
・衡山・和集
・建投書局
・猫的天空之城
・1984 Bookstore
TO EAT
中華料理
・桃園眷村
・無老鍋
・上海富春小籠
・瑞福園酒家
・蟹黄魚
スイーツ
・HEY TEA
・リリアンベーカリー
カフェ
・Café 85度C
・WAGAS
・WOWカフェ&バー
・Sproutworks
・CITIZEN
・GREYBOX COFFEE
パン
・Spread the Bagel
・Baker & Spice
TO BUY
・麻辣花生
・おいしいパン
・メイドイン上海の文具、雑貨
TO DO

make up!

Note

全部寫完後再重新看一次，若將區域和料理種類分門別類寫，清單會變得更容易閱讀。

分區地圖怎麼畫

這次介紹利用旅遊書與和紙，簡單畫出分區地圖的方法。
即便不是很嚴謹的地圖，只要使用五顏六色的筆和貼紙，
就能做出精美的手繪地圖。

1

將旅遊書上的城市地圖縮小影印成符合頁面的大小，接著在上面疊貼一張和紙。

2

從城市主幹（鐵路、主要道路、山脈或河川等等）開始描畫。因為上海的地鐵是重要元素，所以畫出鐵路線。

3

使用紙膠帶、貼紙和色鉛筆，強調預計前往的區域，再寫上各自的名稱。

Complete!

虹口
外灘
浦東
南京東路
西路
衡山路
徐家匯
田子坊
豫園
淮海路
新天地
MAP

和紙和裝飾文具的透明感巧妙融合，一幅可愛的地圖輕鬆完成！

目的地・旅行主題的寫法 & 收尾

目的地和旅行主題的欄位在整體版面確定後，
最後和裝飾一起完成。
使用喜歡的色筆和收藏的貼紙自由收尾吧～

上
2019 autumn
Shanghai
海
羽田からは約3時間25分!
東京
時差は1時間!
上海
緯度は鹿児島とほぼ同じ!
THEME
新旧が融合した街の魅力と
おいしいものを堪能する!
air

Point

目的地的地名可以模仿當地看到的商標等等書寫，而手寫文字讓頁面更有屬於自己的原創感。

Point

除了分區地圖，貼上國家地圖讓旅遊感 **UP**！使用網路上下載的免費白地圖也 **OK**。

海
air
東京 - 上海

貼上營造滿滿「上海感」的貓熊貼紙！

SCHEDULE

使用色彩繽紛的數字貼紙記錄旅行天數，讓頁面一下子變得好華麗。

TO BUY
WAGAS
Sproutworks
CITIZEN
GREYBOY COFFEE

TODO 待辦清單的各個項目別只用文字，用插圖和貼紙讓好讀度和可愛度都 **UP**！

Challenge 試著加上幾頁旅遊地資訊

決定帶什麼東西、
查詢關於旅遊地的各種資料，
都是準備旅行的瞬間。
手機的備忘錄或書籤功能雖然很方便，
一旦被刪除，
花費的心力就一點都不剩了……
好像有些寂寞吧？
但如果是手帳，
作業時間和過程，
還有當時自己的模樣都能留下！
東想西想的準備時間，
也能成為回憶的一頁。

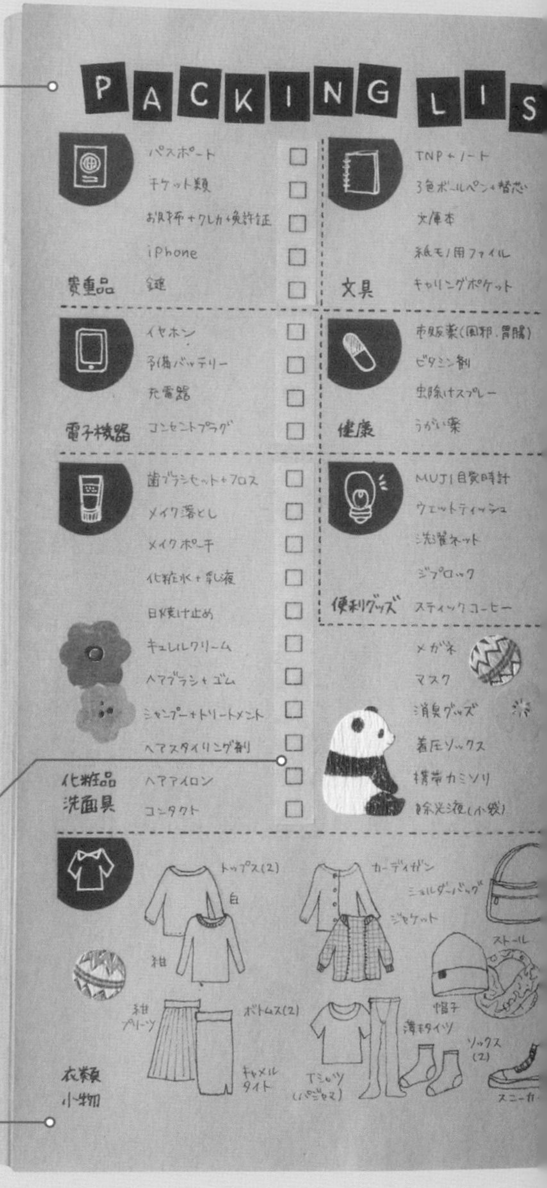

PACKING LIS
貴重品
パスポート
チケット類
お財布+クレカ+免許証
iPhone
鍵
文具
TNP+ノート
3色ボールペン+替芯
文庫本
紙モノ用ファイル
キャリングポケット
電子機器
イヤホン
予備バッテリー
充電器
コンセントプラグ
健康
市販薬(風邪,胃腸)
ビタミン剤
虫除けスプレー
うがい薬
化粧品
洗面具
歯ブラシセット+フロス
メイク落とし
メイクポーチ
化粧水+乳液
日焼け止め
キュレルクリーム
ヘアブラシ+ゴム
シャンプー+トリートメント
ヘアスタイリング剤
ヘアアイロン
コンタクト
便利グッズ
MUJI目覚時計
ウェットティッシュ
洗濯ネット
ジップロック
スティックコーヒー
メガネ
マスク
消臭グッズ
着圧ソックス
携帯カミソリ
除光液(小袋)
衣類
小物
トップス(2)
白
紺
カーディガン
ショルダーバッグ
ジャケット
ストール
紺
プリーツ
ボトムス(2)
キャメル
タイト
Tシャツ
(パジャマ)
薄手タイツ
帽子
ソックス
(2)
スニーカー

攜帶物品清單

可以參考旅遊書的攜帶物品清單書寫，或是分成貴重物品、3C產品和盥洗用具等類別也OK。

使用TODO待辦清單的紙膠帶，把勾選框框排成整齊美觀的一直線，心情也變得很美麗♡

深度資訊區

將計畫前往的觀光景點資訊詳細地寫下來。

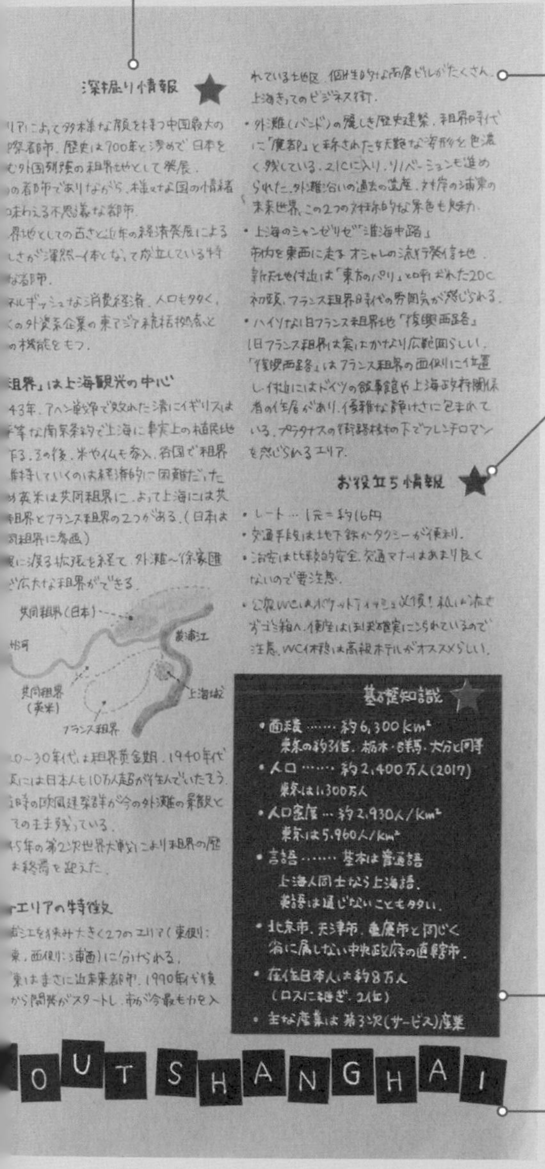
深掘り情報
お役立ち情報
基本知識
OUT SHANGHAI

實用資訊區

貨幣和治安等當地資訊。

專屬資料欄

把查到的旅遊資料寫下來，做出專屬自己的資料專欄。首先是旅遊書上的基本資訊，接著再整理自己認為重要或感興趣的部分。只要針對自己有興趣的主題書寫就 **OK**！

基本知識區

記載地理、歷史和產業等學習資訊。

Column 1

憧憬的人

正式開始做旅行手帳不知不覺已經7年了。
直到最近，才有愈來愈多人跟我說「好有恆心啊」、「真的好認真喔」。說實話，我原本不是經常寫字的人，學生時期甚至連普通的記事手帳都無法持續寫下去。
這樣的我會開始認真寫手帳，很大的原因是與一位女性以及她的作品的相遇。
那位女性是一位名叫田村Setsuko，現年80多歲的現役插畫家。
還有她的作品《可愛老太太的「靈感手帳」》。

書中不僅記載了她關於手帳和手寫的點子，還有她面對人生正面積極的態度以及重要信念。對於當時深陷工作煩惱的我，真的是一大救贖。
讀完後，內心萌生一股強烈的念頭——「我也想和她一樣與手帳相伴，成為擅長找到心動感的人！更想和手帳一起，透過自己的雙手創造精采人生！！」。
從此開始了我與手帳形影不離的生活。
剛開始我不習慣寫字這件事，常常只是隨身帶著筆記本，但也漸漸養成了把閃過腦海的想法和日常小發現記下來的習慣。

在持續這樣的生活方式下，「日常發生的小美好，也能做成旅行手帳嗎？」的想法在我內心萌芽。我開始捕捉這些生活和日常中的小確幸，並一一記錄在手帳上，同時珍惜起製作「日常旅行手帳」的時間。

不只是遙遠的異國之旅，日常生活中也會有感覺像在旅行的瞬間。正是Setsuko女士，讓我了解手帳隨時相伴的喜悅，她永遠都是我憧憬的女性。

早期的旅行手帳

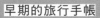

一開始是以文字為主的日記風格，
其實不太上相。

插圖也畫得很不怎麼樣。

FOOD
DINNER@ こだま683号
THE CITY BAKERY
Shinagawa
Bakery & Cafe
HOURS 8:00-22:00
TEL 03-6717-0960
Restaurant & Bar
www.thecitybakery.jp
鍵番号
168649

還貼了店卡、
禮物包裝的蝴蝶結，
甚至置物櫃的收據等等，
努力地想留下點什麼。

但是，
應該有表現出
「無論如何都想將這趟
旅程化為自己的模樣」的
強烈心情吧？

045749
水生物園（分園）入場券
東京都井の頭自然文化園
Inokashira Park Zoo
045749
一般 ¥400

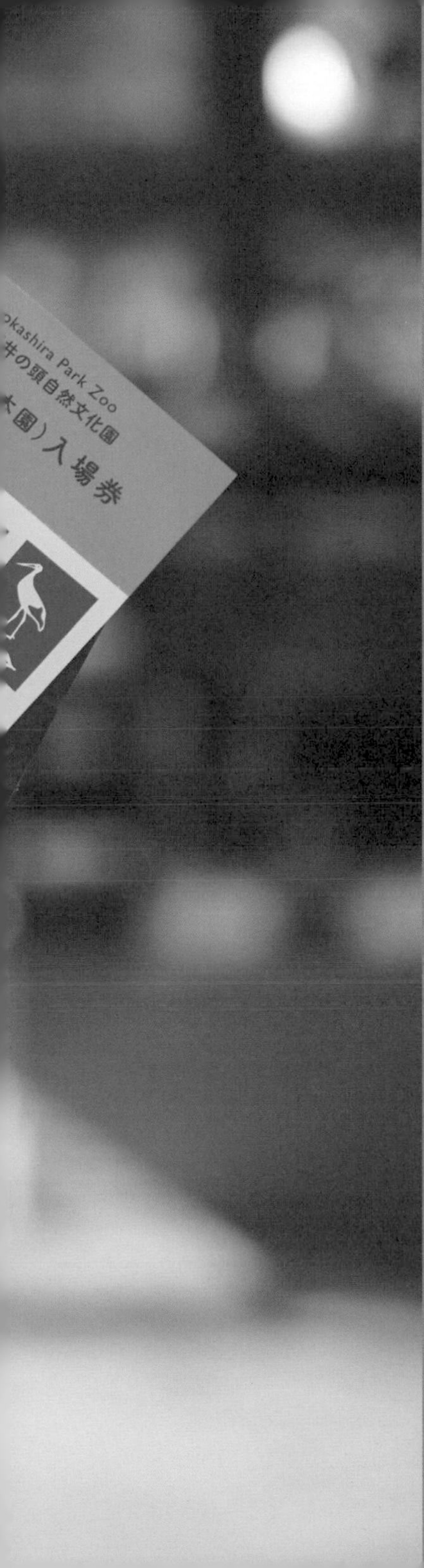
okashira Park Zoo
井の頭自然文化園
入場券

Chapter 2

隨手記錄途中點滴的
旅途手帳

During Travel
notebook

旅途中，將在當地
被觸發的靈感和
閃亮亮的瞬間收集起來、
變成語句記錄下來吧。
當然，也要好好珍惜享受
旅行這件事。

製作旅途手帳的時機和地點

旅途手帳分成隨手記下的 **1st memo**（即時筆記）和詳細書寫的 **2nd memo**（心得筆記）兩種。
一旦踏上旅程，時間和心情意外地沒了餘裕，
即使內心想著要記錄，卻總是不小心忘記……
雖然養成順手拿出筆記本、自然做筆記的習慣是終極目標，
但一開始先把「配合自己所在的狀況和環境」記錄下來的原則放在心上吧。

Situation

- 在餐廳或路邊攤用餐
- 美術館等鑑賞空間
- 在車站等車的時間等等
- 不穩定的姿勢，如：站著，或者靠在桌邊、膝蓋上
- 沒有太充裕的時間

ハマスホイと
デンマーク絵画

1st memo

即時筆記

Situation

- 飛機或高鐵等移動時間
- 飯店房間或咖啡廳等地
- 基本是舒服的坐姿
- 有一定程度的充裕時間

2nd memo

心得筆記

About tools

為了打造好做筆記的狀態，文具等等也不能太隨便喔！
這兩樣是我的愛用品♡

無印良品
**再生紙
護照筆記本**

價格十分低廉，封面卻很厚實，可以隨心所欲地使用這點很棒！

uni STYLE FIT
**三色
原子筆**

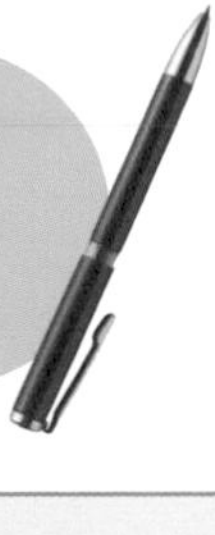

區分成三種顏色，金屬製的筆管也很耐用。付筆夾可以夾在筆記本上帶著走，相當加分。

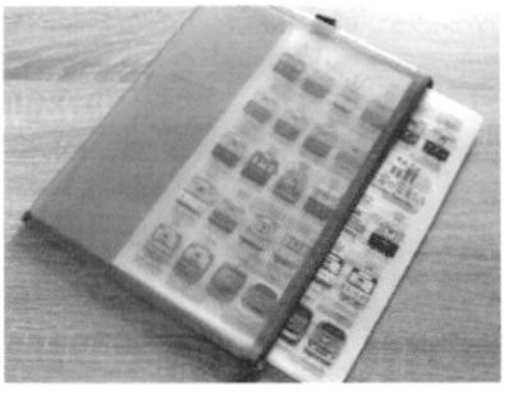

除了筆記，別忘了把紙類一起帶走～我會用資料夾和拉鍊袋讓紙張不會有皺褶或散掉。如果有標籤貼紙剩餘的底紙（又稱離型紙），會更方便。

1st memo

即時筆記

即時筆記基本上是以文字為主的隨手亂寫，
只要寫當下姑且能寫的部分就好。
但是如果之後完全看不懂自己在寫什麼就沒有意義。
別忘了這些都是製作旅後手帳的重要素材，建議給自己定一些簡單的規則。

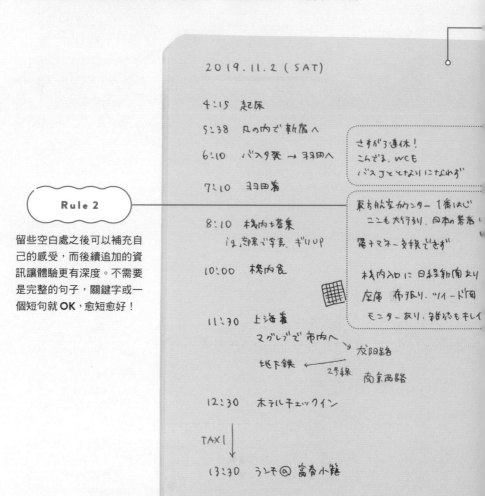

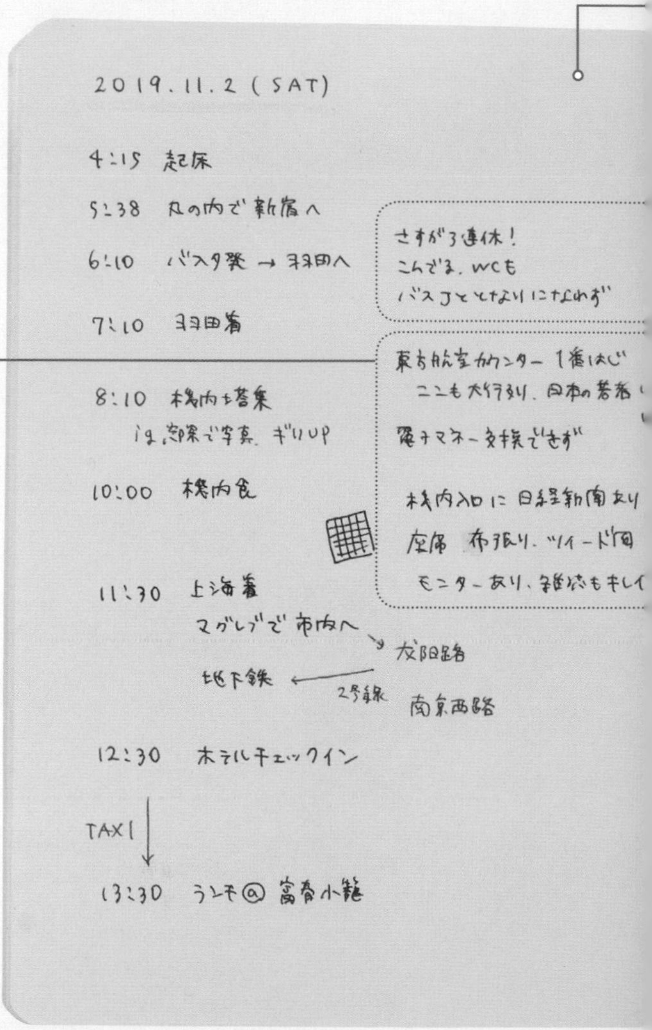
2019.11.2 (SAT)
4:15 起床
5:38 丸の内で新宿へ
6:10 バスタ発 → 羽田へ
7:10 羽田着
8:10 機内搭乗
ig.窓際で写真. ギリUP
10:00 機内食
11:30 上海着
マグレブで市内へ
龙阳路
地下鉄
2号線
南京西路
12:30 ホテルチェックイン
TAXI
13:30 ランチ@富春小籠
さすが3連休!
こんでる. WCも
東方航空カウンター 1番はじ
ここも大行列. 日本の搭乗
電子マネー交換できず
機内入口に日経新聞あり
座席 布張り. ツイード風
モニターあり. 雑誌もキレイ

Rule 2

留些空白處之後可以補充自己的感受，而後續追加的資訊讓體驗更有深度。不需要是完整的句子，關鍵字或一個短句就 OK，愈短愈好！

Rule 1

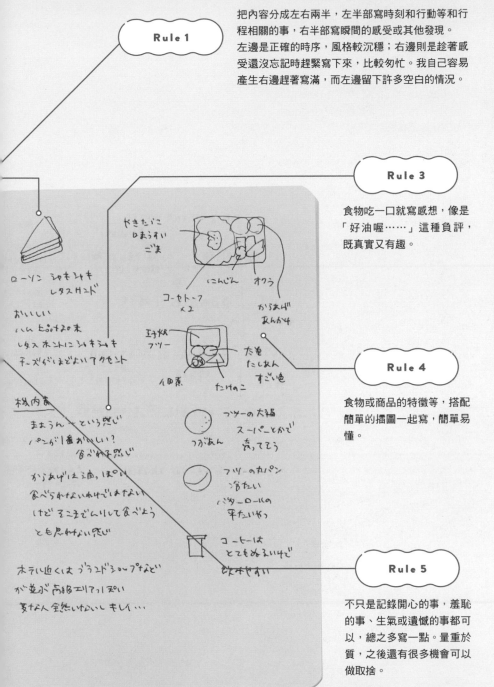

把內容分成左右兩半，左半部寫時刻和行動等和行程相關的事，右半部寫瞬間的感受或其他發現。
左邊是正確的時序，風格較沉穩；右邊則是趁著感受還沒忘記時趕緊寫下來，比較匆忙。我自己容易產生右邊趕著寫滿，而左邊留下許多空白的情況。

Rule 3

食物吃一口就寫感想，像是「好油喔……」這種負評，既真實又有趣。

Rule 4

食物或商品的特徵等，搭配簡單的插圖一起寫，簡單易懂。

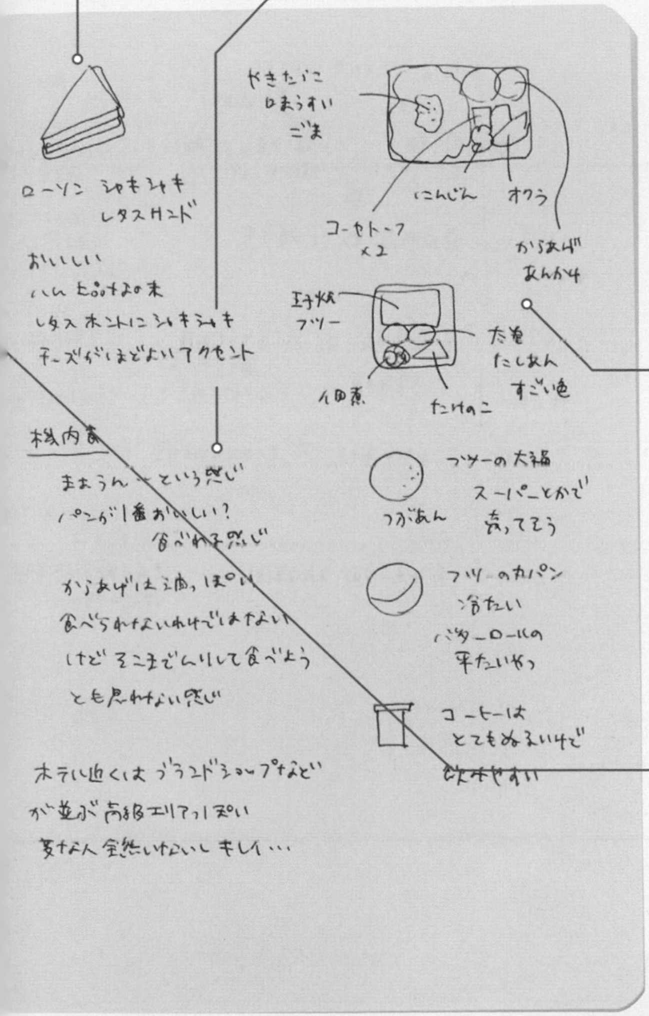
ローソン シャキシャキ
レタスサンド
おいしい
レタス ホントにシャキシャキ
チーズがほどよいアクセント
機内食
まずうん…という感じ
パンが1番おいしい?
食べれる感じ
からあげは油っぽい
食べられないわけではない
けどそこまでムリして食べよう
とも思わない感じ
ホテル近くはブランドショップなど
が並ぶ高級エリアっぽい
変な人全然いないしキレイ…
にんじん
オクラ
コーヤドーフ ×2
からあげ あんかけ
玉子焼 フツー
大根 たくあん すごい色
佃煮
たけのこ
フツーの大福
スーパーとかで売ってそう
つぶあん
フツーの丸パン
冷たい
バターロールの平たいやつ
コーヒーは
とてもぬるいけど
飲みやすい

Rule 5

不只是記錄開心的事，羞恥的事、生氣或遺憾的事都可以，總之多寫一點。量重於質，之後還有很多機會可以做取捨。

2nd memo

心得筆記

心得筆記相對於當下隨手記錄的 **1st memo**，
是經過一段時間產生的新發現或新感受，也是重要的心聲。
別忘了把這些也寫下來～

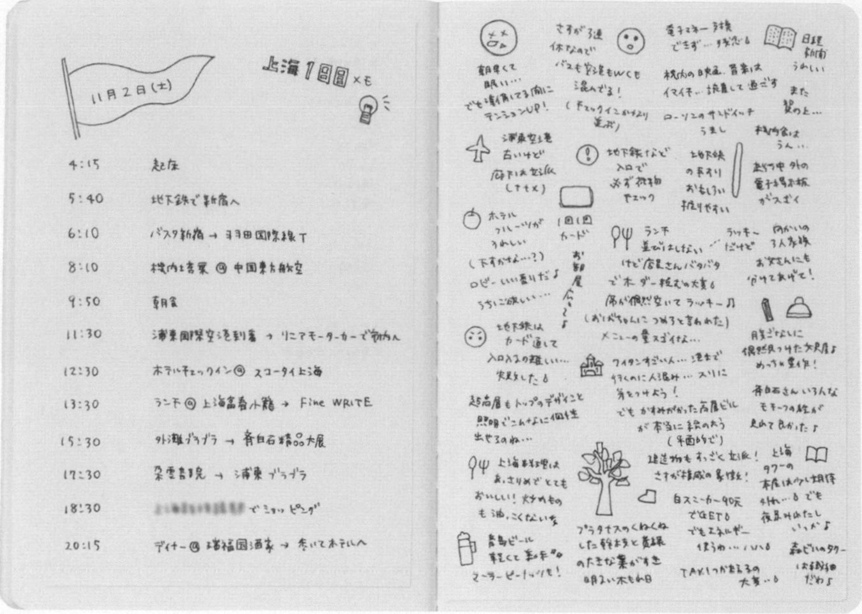
11月2日(土)
上海1日目メモ
4:15 起床
5:40 地下鉄で新宿へ
6:10 バスタ新宿 → 羽田国際線T
8:10 機内に搭乗 @ 中国東方航空
9:50 朝食
11:30 浦東国際空港到着 → リニアモーターカーで移動
12:30 ホテルチェックイン@ スコータイ上海
13:30 ランチ@ 上海富春小籠 → Fine WRITE
15:30 外灘ブラブラ → 斉白石精品大展
17:30 朶雲書院 → 浦東ブラブラ
18:30 でショッピング
20:15 ディナー@ 瑞福園酒家 → 歩いてホテルへ

Point

時間充裕時，也可以把握當下開始做「旅後手帳的 memo」，像左半張這樣在途中就著手整理行程，回家後的手帳製作會更加順利。

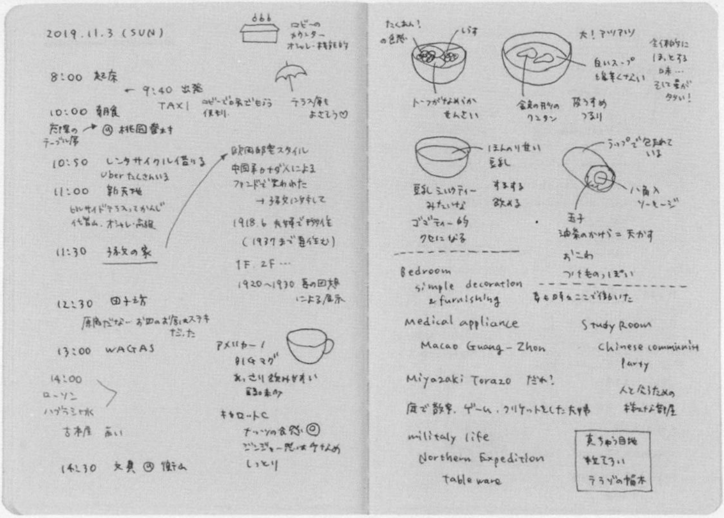
2019.11.3 (SUN)
8:00 起床
10:00 朝食
10:50 レンタサイクル借りる
11:00 新天地
11:30 孫文の家
12:30 田子坊
13:00 WAGAS
14:00
14:30
Bedroom
simple decoration
& furnishing
Medical appliance
Study Room
Macao Guang-Zhou
Chinese community
party
Miyazaki Torazo だれ!
military life
Northern Expedition
table ware

Point

在 **1st memo** 的空白處用藍筆或紅筆註記，主要記錄當下沒注意到的事和隔天回想後才發現的事等等。

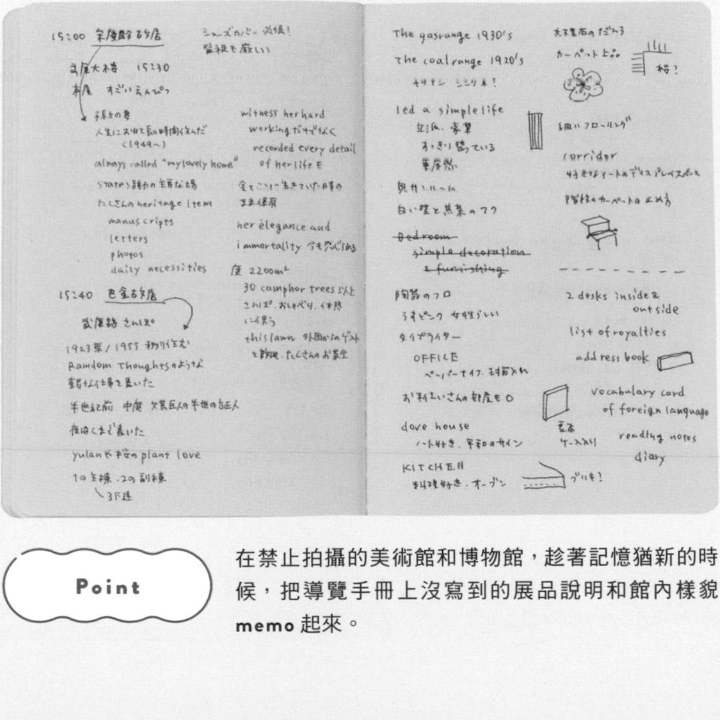
15:00 宋慶齡故居
15:30
witness her hard
recorded every detail
of her life
always called "my lovely home"
heritage item
manuscripts
letters
photos
daily necessities
her elegance and
immortality
2200m²
30 camphor trees
15:40 巴金故居
Random Thoughts
yulan
plant love
The gasrange 1930's
The coal range 1920's
led a simple life
corridor
Bedroom
simple decoration
& furnishing
2 desks inside &
outside
list of royalties
OFFICE
address book
vocabulary card
of foreign language
reading notes
diary
dove house
KITCHEN

Point

在禁止拍攝的美術館和博物館，趁著記憶猶新的時候，把導覽手冊上沒寫到的展品說明和館內樣貌 **memo** 起來。

Memo的種類　Various memo

①是1st memo即時筆記、②～④是2nd memo心得筆記。
自己說過的話也要刻意記下來，
因為只要習慣於將聽到的資訊變成文字，memo也會寫得更順利。
如果對於攜帶筆記本旅行的自己感到陶醉而不是麻煩，你就出師了！

variation 1

地點是國外的展覽會。抄下那些無論如何都想知道意思的英文說明，或者為了之後方便查翻譯的重要部分。字好多，抄得好辛苦……

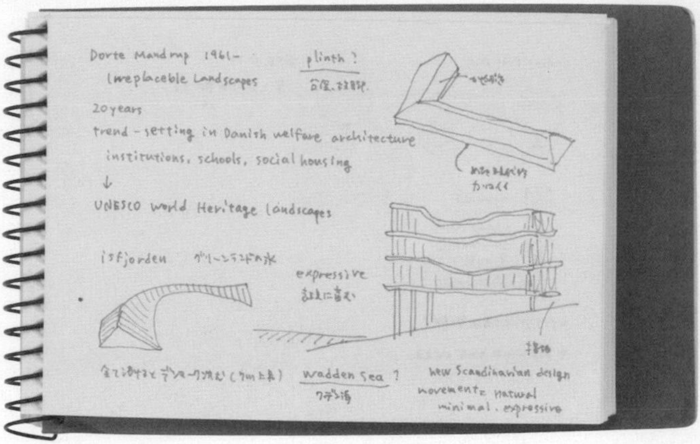

Dorte Mandrup 1961-
Irreplaceable Landscapes
plinth ?
20 years
trend-setting in Danish welfare architecture
institutions, schools, social housing
UNESCO World Heritage Landscapes
isfjorden
expressive
Wadden Sea ?
new Scandinavian design
movement = natural
minimal, expressive

variation 2

看著窗外壯麗的景色，品嘗美味甜點的下午茶時間。青山和蛋糕，交錯欣賞著這兩樣自己最喜歡的事物，度過幸福時光。

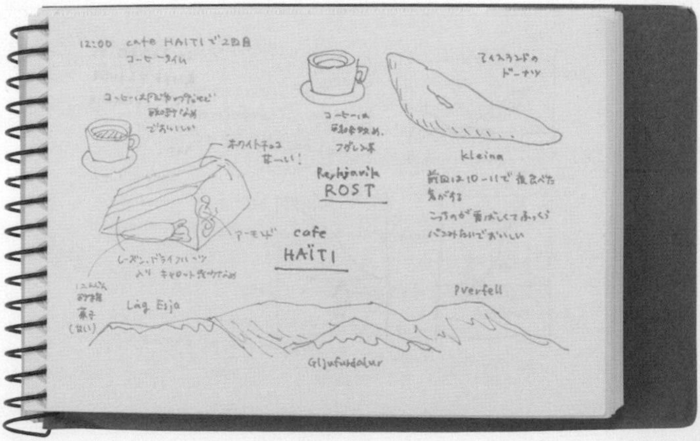

12:00 cafe HAITIで2回目
Kleina
ROST
cafe
HAITI
Esja

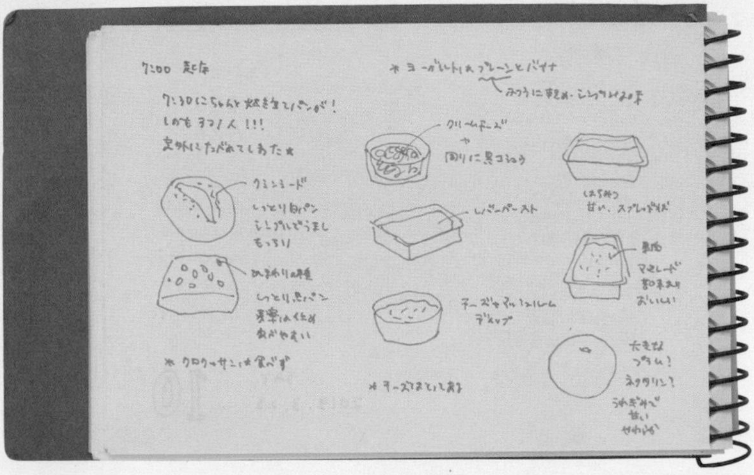
7:00 起床

variation 3

飯店早餐的樣子。可以塗在剛烤好麵包上的各種果醬和麵包醬，讓人超開心！如果家裡也有這麼多該有多好（雖然應該吃不完）。

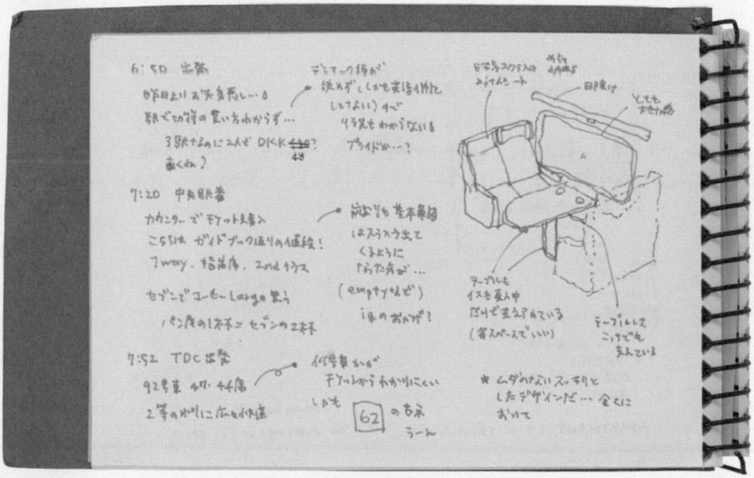
6:50 出発
7:20 中央駅着
7:52 TDC出発

variation 4

在長途火車上。座椅給人的感受和餐桌設計非常具機能性，旅程頗為舒適。但因為火車的晃動讓我的線也歪七扭八，不過現在回想起來，也是很棒的回憶。

DAY 2
東洋のパリ
サイクリング
Mobike
8:00 起床
10:00 朝食
13:00 カフェ WAGAS
14:00 ローソン立寄り
16:00 ビール①
@ DAGA BREWPUB
17:00 夕食
20:00 ビール② @Zapfler
21:30 ファミマ立寄り
23:00 就寝
香腸葱蛋飯団
Crazy
Goals
Daga
Brewpub
巴金故居
武康大楼
宋庆龄故居
衡山・和集

FABER-CASTELL
PITT artist pen
SUMMER GINGER

Chapter 3

回家大展身手的
旅後手帳

After Travel
notebook

把收集到的東西貼一貼、
獲得的感受寫一寫，
在製作「旅後手帳」的時間裡，
循著記憶回到旅遊當地，
沉浸在彷彿又一次
旅行的情緒中。

開始做旅後手帳吧 **Beginning**

如果是三天兩夜的旅程，原則上一個跨頁為一天，總共會有三面。
假設沒有去到很多景點，而是在度假飯店或溫泉享受時光的放鬆之旅，
全部寫在同一個跨頁也 **OK**。

DAY 1

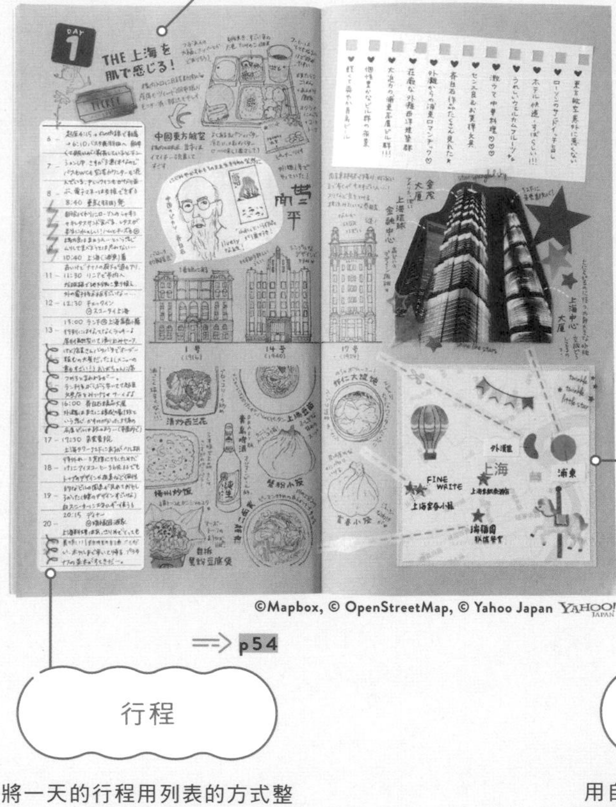

©Mapbox, © OpenStreetMap, © Yahoo Japan YAHOO! JAPAN

==> p54

DAY 2

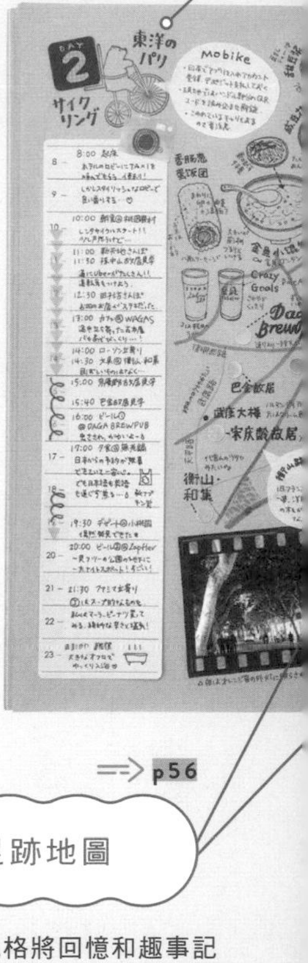

==> p56

行程

將一天的行程用列表的方式整理，而不是像寫日記一樣寫成文章。如此一來，大大小小的各種回憶都能一目了然，也能省下許多空間。

足跡地圖

用自己的風格將回憶和趣事記錄下來，就完成了一張觀光地圖上找不到、資訊豐富又有價值的導覽地圖。

==> p58

用一句話形容今天

想一句可以成為記憶關鍵的話形容那一天，之後尋找回憶也更方便。

==> p58、p59

焦點情報

用文字、插圖和照片，將旅途中特別印象深刻的體驗描述得更深刻、更詳細、更認真，就能得到屬於自己的新發現。

3日目

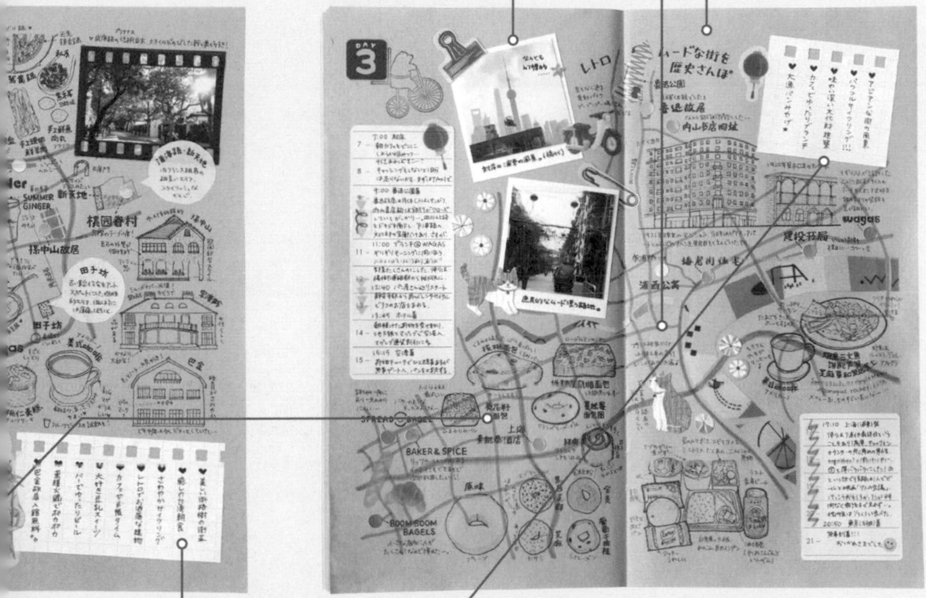
DAY 3
レトロ
wagas
SUMMER GINGER
SPREAD BAGEL
BAKER & SPICE
BOOM BOOM BAGELS

==> p55

心動布告欄

將那天發生的精采事件收集好排成一列，一眼就能看出這趟旅程是多麼開心，充實感也UP！

利用彙總表整理前需要的準備

收集材料→列出行程

與出發前一樣用表來整理資料，
但是旅後手帳的資訊量和行前手帳相比非常龐大。
所以，我們先簡單列出行程，
再從收集到的資料進行確認，以及準備補充資料開始吧。

◉ 製作旅後手帳的素材

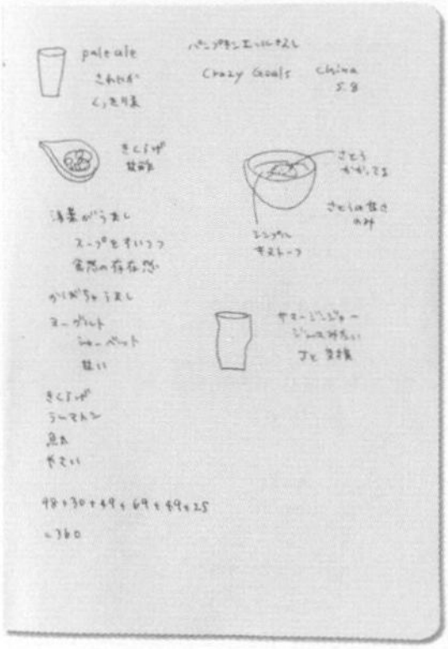

旅途手帳

前篇介紹的旅行 **memo** 好比是搞笑藝人的靈感筆記，是做旅後手帳的基礎。如果旅行結束回到家無法及時開始製作，只要有內容充實的 **memo**，旅遊的感觸就能鮮明地回想起來。

收據

平常都會丟掉或是根本不拿的人，為了做手帳務必記得拿 & 絕對不要丟掉。收據上除了有店名和支付金額外，還有消費時間和品名等眾多資訊，偶爾還能確認忘了 **memo** 下來的內容。

手機相簿

除了照片可以被儲存，日期和時間也會被確實記錄，製作行程時非常有用。來不及 **memo** 的時候，不妨用照片當作 **memo** 的替代品。

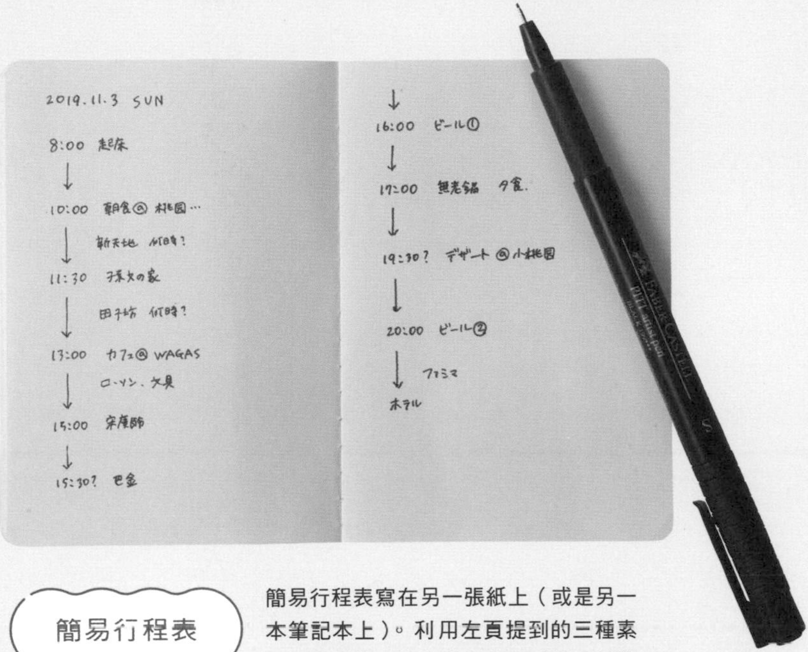

2019.11.3 SUN
8:00 起床
10:00 朝食@桃園…
新天地 何時?
11:30 孫文の家
田子坊 何時?
13:00 カフェ@WAGAS
ローソン、文具
15:00 宋慶齢
15:30? 巴金
16:00 ビール①
19:30? デザート@小桃園
20:00 ビール②
ファミマ
ホテル
FABER-CASTELL

簡易行程表

簡易行程表寫在另一張紙上（或是另一本筆記本上）。利用左頁提到的三種素材，確認自己的行動內容和時間，試著依照先後順序寫下來吧。

簡易地圖

準備好在當地拿到的觀光地圖，或利用手機 **APP** 找到涵蓋旅遊地點的全區地圖，用螢光筆標示自己走過的路線和曾抵達的地點。訣竅是先確定起點和終點再開始描。這也會成為後面提的足跡地圖素材。

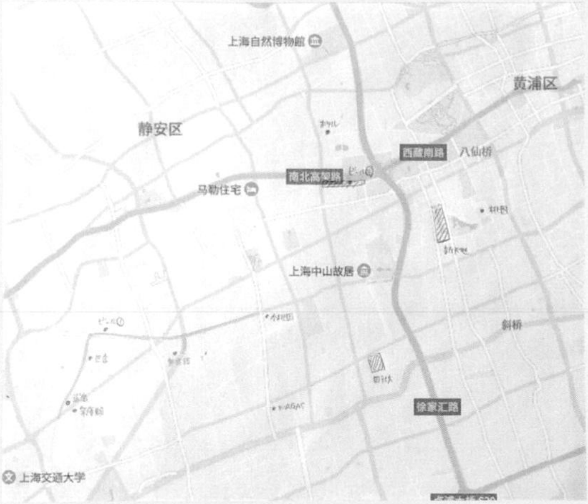

上海自然博物館
黄浦区
静安区
西藏南路
八仙桥
南北高架路
马勒住宅
上海中山故居
斜桥
徐家汇路
上海交通大学

©Mapbox, © OpenStreetMap, © Yahoo Japan YAHOO! JAPAN

使用彙總表整理資料

利用彙總表來整理旅後手帳吧。
空白彙總表可以掃 **p127** 的 **QR Code** 下載。
和 **p22** 的旅行計畫表一樣，
用來打草稿或直接寫在上面後剪貼上去都 **OK**。

掃描
p127的**QR Code**
就能下載！

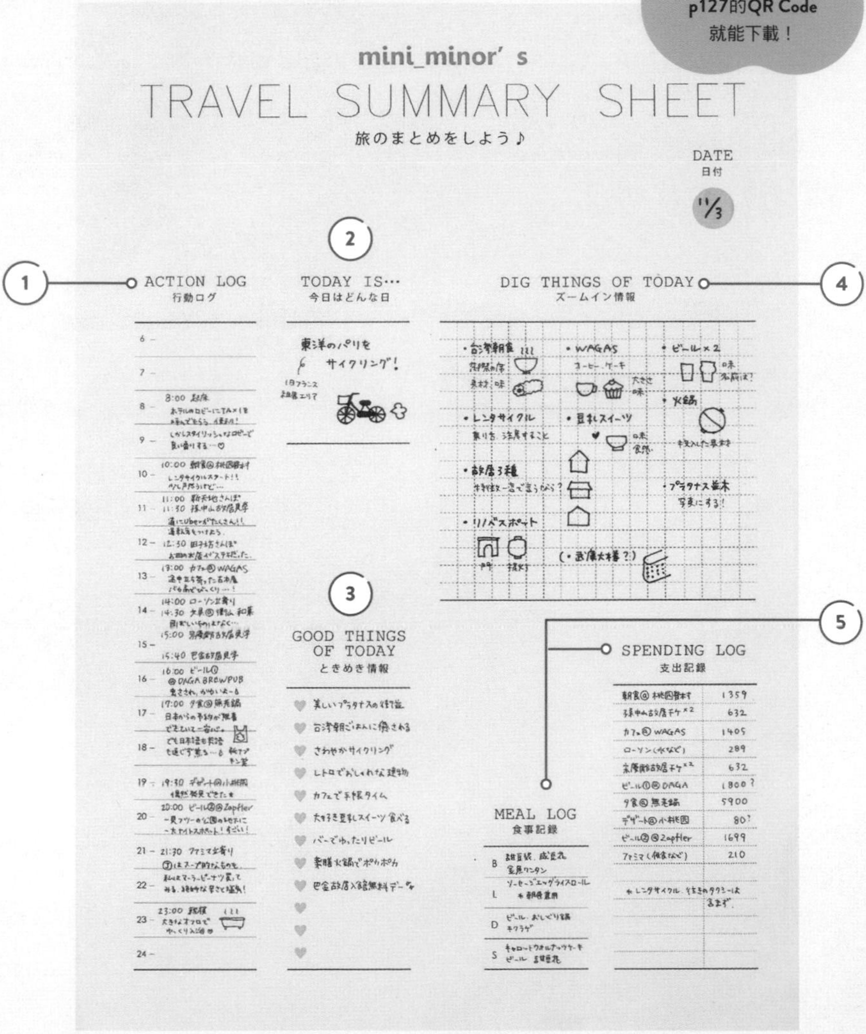
mini_minor' s
TRAVEL SUMMARY SHEET
旅のまとめをしよう♪
DATE
日付
11/3
1
ACTION LOG
行動ログ
2
TODAY IS…
今日はどんな日
東洋のパリを
サイクリング！
3
GOOD THINGS OF TODAY
ときめき情報
4
DIG THINGS OF TODAY
ズームイン情報
5
SPENDING LOG
支出記録
MEAL LOG
食事記録

◉彙總表的寫法

1
行程

依照時序記錄當天的行程。
順著時間軸整理，可以確保小細節也被詳實記錄下來。就像行前手帳的行程表一樣，將表格剪下來直接貼上。詳細的寫法會在**p54**說明。

2
用一句話
形容今天

用好比廣告**Slogan**的一句話記錄這一天。
別把發生的人事物像記流水帳一樣排列，如果能加上自己的感受，回憶也會變得更有深度喔！

3
心動瞬間

配合心型符號♥做成條列式清單。
旅途中的初體驗（以前沒看過、沒吃過的）、得到靈感的來源、喜歡的東西、偶然的相遇等等，多找出一些讓自己心動的事物吧～

4
焦點資訊

用自己的話記錄屬於自己的回憶。與其寫下所有發生的事，不如留下透過自己的感性濾鏡得到的原創資訊，會更有價值。

5
覓食紀錄、
支出紀錄

記下三餐、點心的食物內容和當天的花費。可能某天吃了便利商店早餐或站著隨便吃了三明治，不天天吃大餐也是很真實的回憶。這也會成為後面會提到的回顧頁面的製作素材。

如何確定版面

如同 **p24~p25** 的行前手帳，先想好各個主題要安放的位置後就開始劃線吧。

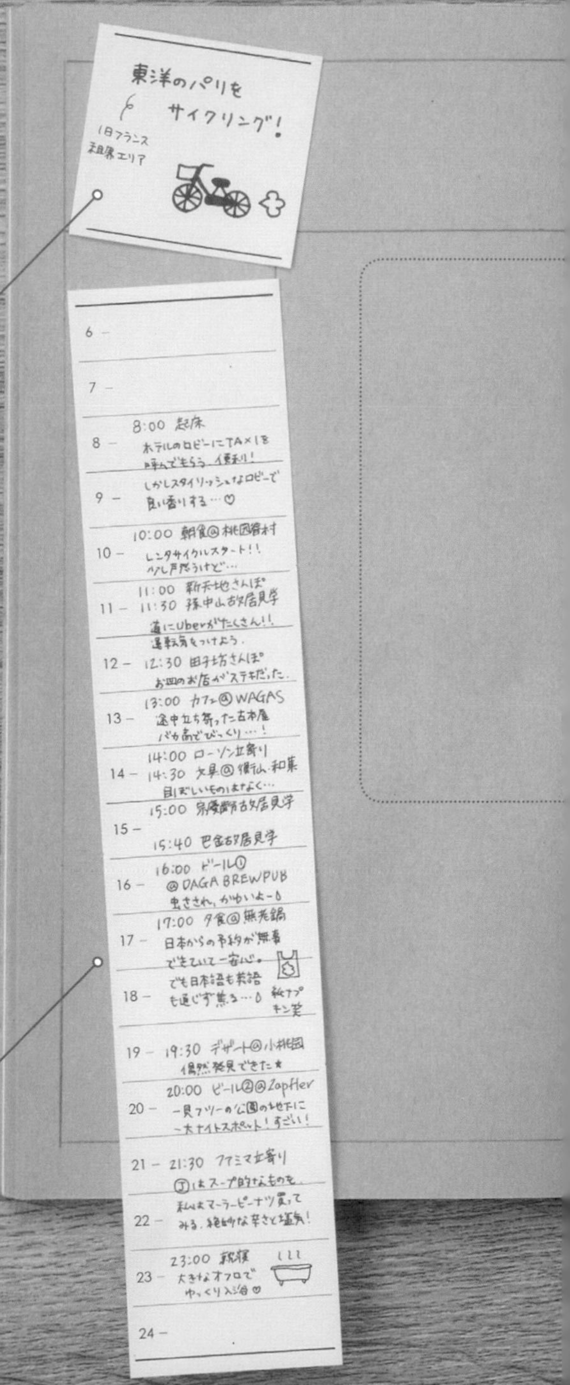

東洋のパリを
サイクリング！
1日フランス
租界エリア
6 –
7 –
8 – 8:00 起床
ホテルのロビーにTAXIを
呼んでもらう。便利！
9 – しかしスタイリッシュなロビーで
良い香りする…♡
10 – 10:00 朝食@桃園眷村
レンタサイクルスタート！！
11 – 11:00 新天地さんぽ
11:30 孫中山故居見学
道にUberがたくさん！！
運転気をつけよう。
12 – 12:30 田子坊さんぽ
お皿のお店がステキだった。
13 – 13:00 カフェ@WAGAS
途中立ち寄った古本屋
バカ高でびっくり…！
14 – 14:00 ローソン立寄り
14:30 文具@猫the和菓
目ぼしいものはなく…
15 – 15:00 宋慶齢故居見学
15:40 巴金故居見学
16 – 16:00 ビール①
@DAGA BREWPUB
虫さされ、かゆいよ～
17 – 17:00 夕食@無老鍋
日本からの予約が無事
できていて一安心。
18 – でも日本語も英語
も通じず焦る…
紙ナプキン笑
19 – 19:30 デザート@小桃園
偶然発見できた★
20 – 20:00 ビール②@Zapfler
一見フツーの公園の地下に
一大ナイトスポット！すごい！
21 – 21:30 ファミマ立寄り
Ⓙはスープ的なものを。
22 – 私はマーラーピーナツ買って
みる。絶妙な辛さと塩気！
23 – 23:00 就寝
大きなオフロで
ゆっくり入浴♡
24 –

「用一句話形容今天」就是這一頁的標題。考慮到視線的流動，最佳位置果然還是左上角！

行程表總是又瘦又長，能放的位置有限，所以需要最先決定。

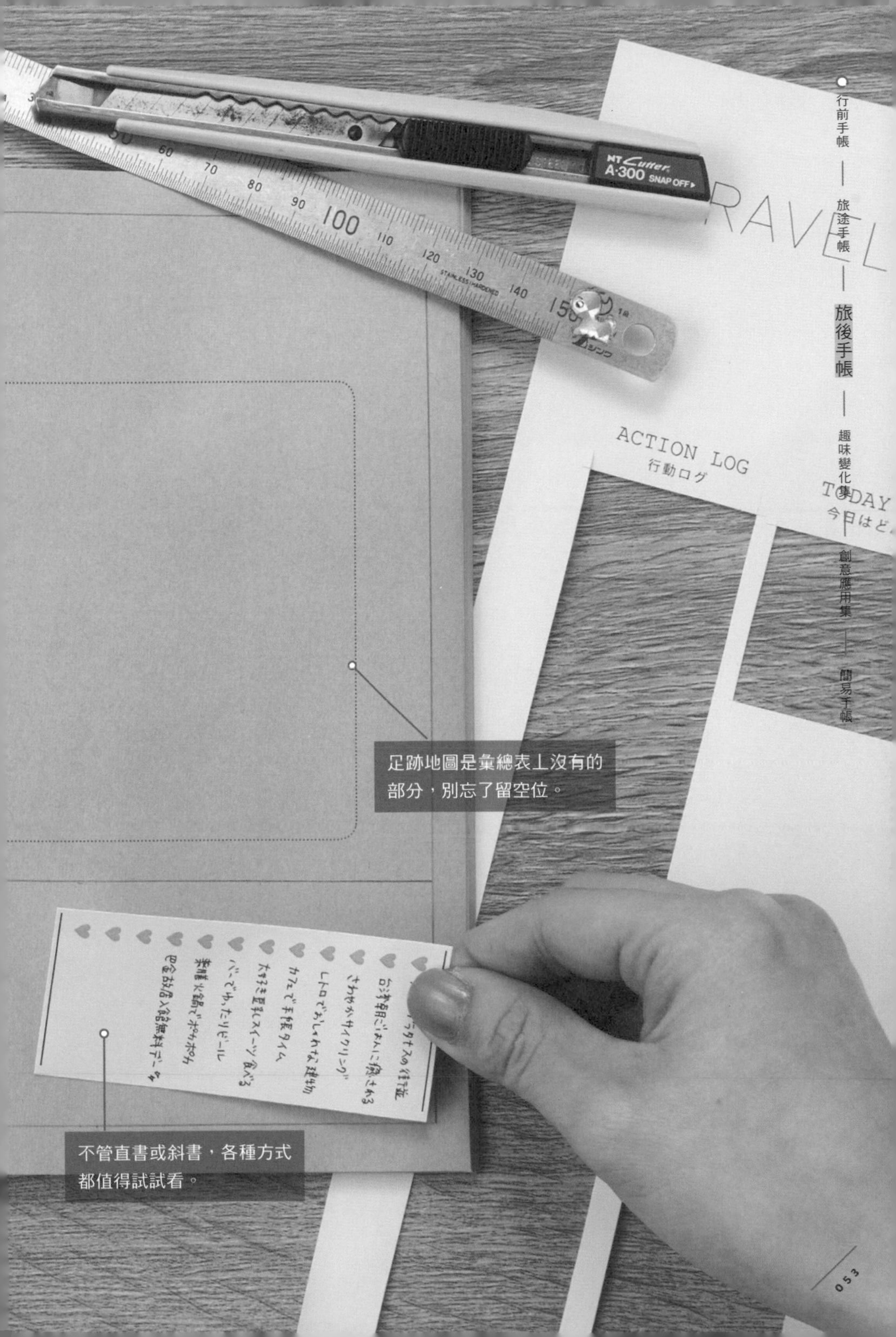
NT Cutter
A-300 SNAP OFF
TRAVEL
ACTION LOG
行動ログ
TODAY
今日はど

足跡地圖是彙總表上沒有的部分，別忘了留空位。

不管直書或斜書，各種方式都值得試試看。

行程表的寫法

以下介紹 **p51** 提到的行程的詳細寫法。
利用行程的底稿，一邊回憶旅途中發生的趣事一邊寫吧。

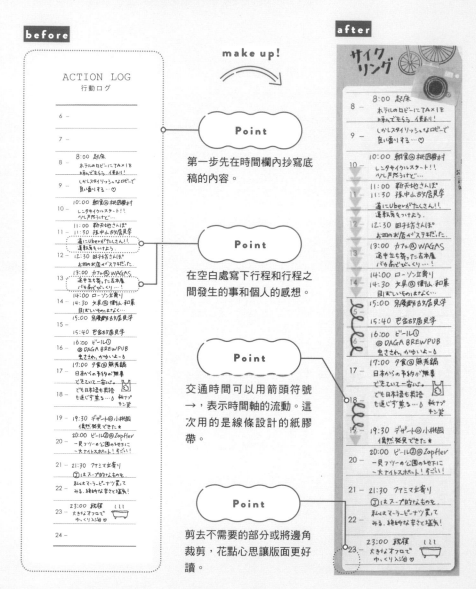

before

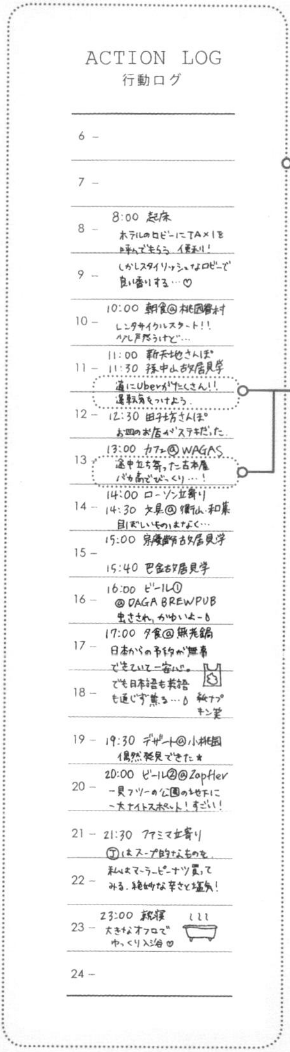
ACTION LOG
行動ログ

make up!

after

サイクリング

Point

第一步先在時間欄內抄寫底稿的內容。

Point

在空白處寫下行程和行程之間發生的事和個人的感想。

Point

交通時間可以用箭頭符號→，表示時間軸的流動。這次用的是線條設計的紙膠帶。

Point

剪去不需要的部分或將邊角裁剪，花點心思讓版面更好讀。

心動布告欄的寫法

將表上的心動瞬間用「布告欄」風格重新整理，
讀者的視線就能自然地集中，比一般的條列式寫法更具戲劇效果。

before

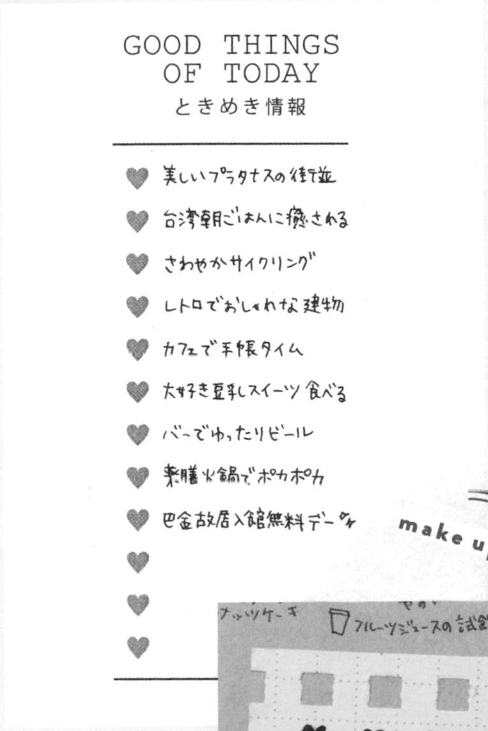
GOOD THINGS OF TODAY
ときめき情報
美しいプラタナスの街並
台湾朝ごはんに癒される
さわやかサイクリング
レトロでおしゃれな建物
カフェで手帳タイム
大好き豆乳スイーツ食べる
バーでゆったりビール
薬膳火鍋でポカポカ
巴金故居入館無料デー☆

Sheet

直接將表的版面和設計靈活運用，也能變得很可愛。

Note

把百元商店就能買到的活頁紙筆記本剪下來，剛好就像一張「布告欄」好可愛♡ 這次走活潑路線挑戰直書文字♪

make up!

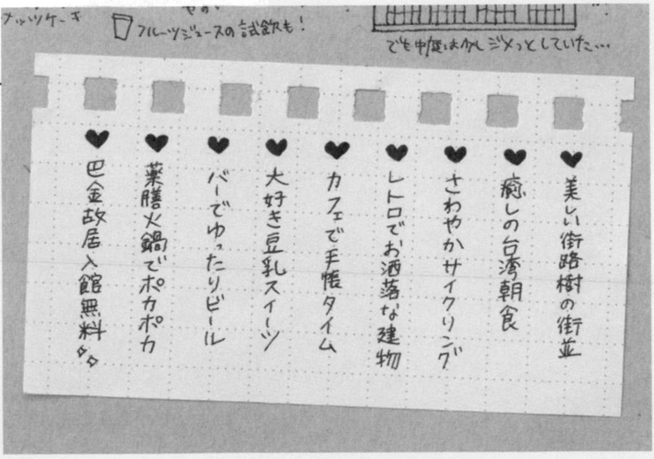
フルーツジュースの試飲も！
でも中庭は少しジメっとしていた…
美しい街路樹の街並
癒しの台湾朝食
さわやかサイクリング
レトロでお洒落な建物
カフェで手帳タイム
大好き豆乳スイーツ
バーでゆったりビール
薬膳火鍋でポカポカ
巴金故居入館無料☆

after

足跡地圖怎麼畫

手繪地圖很多人都覺得好像很難畫，
但其實只要對照實際地圖掌握重點，意外地很容易就能上手。
手繪地圖沒有正確答案，畫得不完美反而更有魅力。

1

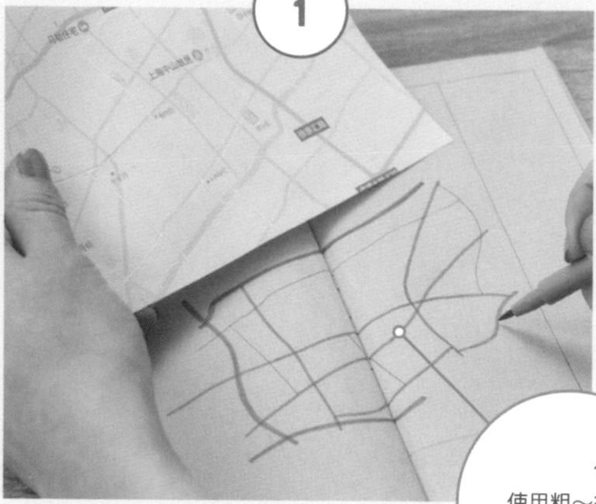

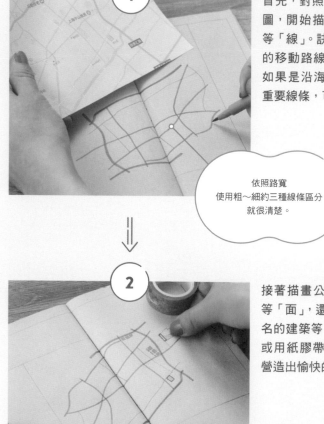

首先，對照事先準備好的簡易地圖，開始描畫道路、鐵路和河川等「線」。訣竅是直接省略和自己的移動路線無關的中小型街道。如果是沿海的道路，海岸線也是重要線條，可別忘了畫。

依照路寬
使用粗～細約三種線條區分
就很清楚。

2

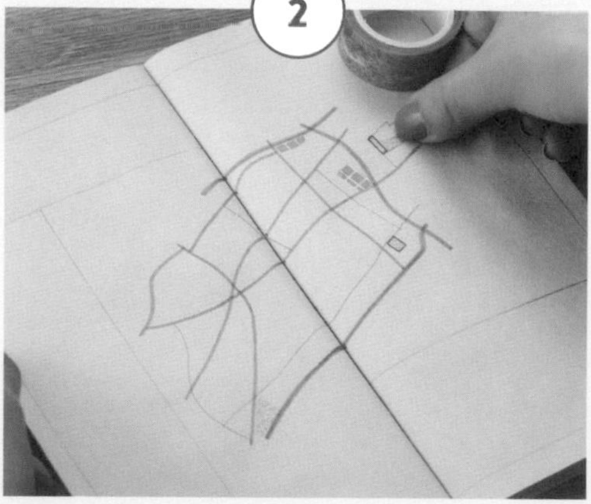

接著描畫公園、廣場和歷史街區等「面」，還有神社、某某塔或有名的建築等「點」。用色鉛筆著色或用紙膠帶剪貼讓版面更繽紛，營造出愉快的氛圍。

3

景點
用圓形貼紙標示
更容易被看見。

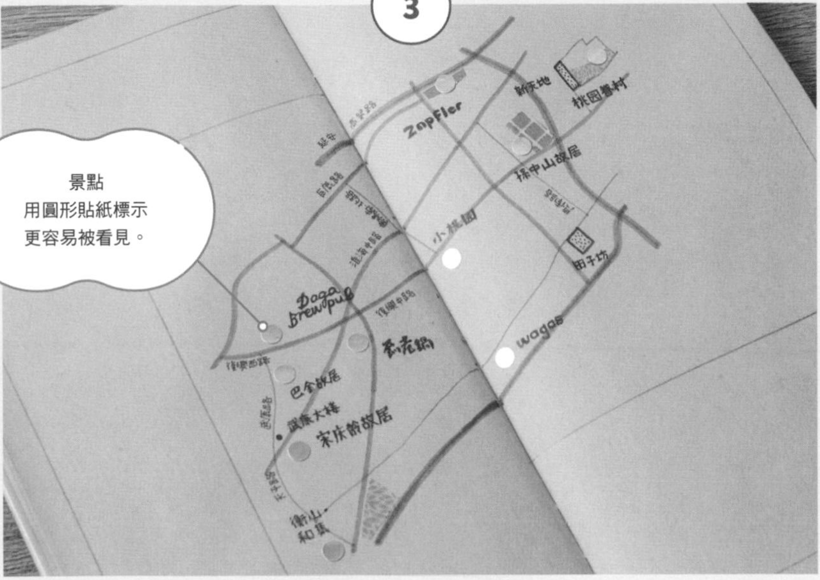
Zapfler
新天地
孫中山故居
田子坊
wagas
巴金故居
宋庆龄故居

最後，寫上自己去過的景點名稱。還可以參考店家的店卡繪製商店的**Logo**，街道風格躍然紙上。

簡易點子

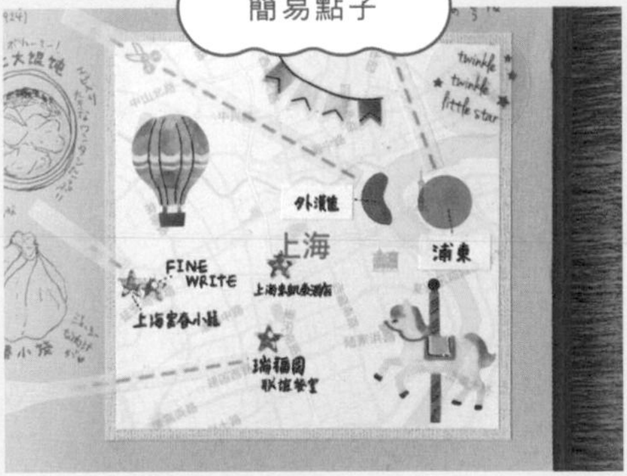
twinkle twinkle little star
外滩
上海
浦東
FINE WRITE

©Mapbox, © OpenStreetMap, © Yahoo Japan YAHOO! JAPAN

覺得手繪地圖難度太高的人，也可以將網路上的地圖印下來，用閃亮亮的貼紙標示景點。這種方式很省時喔！

用一句話形容今天・焦點情報的寫法＆收尾

最後用裝飾文具來個華麗的收尾吧！
這裡也會介紹「用一句話形容今天・焦點情報」的寫法。

Stamp arrange

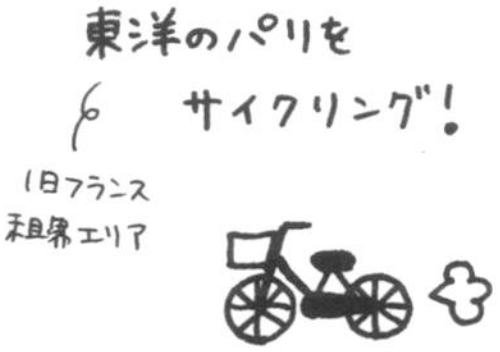
東洋のパリを
サイクリング！
1日フランス
租界エリア

make up!

DAY
2
サイクリング
東洋のパリ
Mobike
8:00 起床
香腸葱蛋饭团

標語用手繪文字搭配適合的圖案，就跟在寫行前手帳的目的地和旅行主題時一樣。這次因為租腳踏車代步，於是蓋一個腳踏車圖案印章！

印章可以重複使用，所以接下來出現相同行程時很好用。天數用鮮艷的大字體表示，一看就知道。把主色調決定好（這次是紅色），就能營造出旅後手帳的一致感。

Photo arrange

從路樹縫隙中灑落的陽光、燦爛奪目的夜景，這些無法以圖畫呈現的美麗就用照片吧。

使用底片風格的紙膠帶，或是用白紙當底設計成拍立得風的照片。

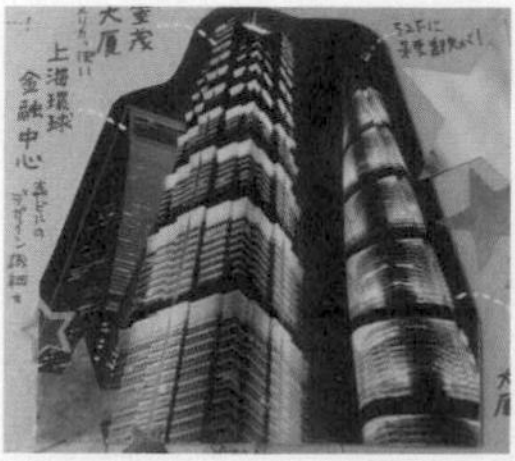
上海環球金融中心

使用裁剪技巧讓想強調的物體更突出，存在感倍增。

◉ 焦點情報就用力在縫隙中求生存！

基本上，偏向個人且主觀判斷的焦點情報只要自己懂就 **OK**。
可以弄小一點，放在剩下的空隙中。

塞滿只有自己才有辦法留下的回憶！

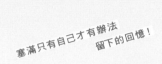

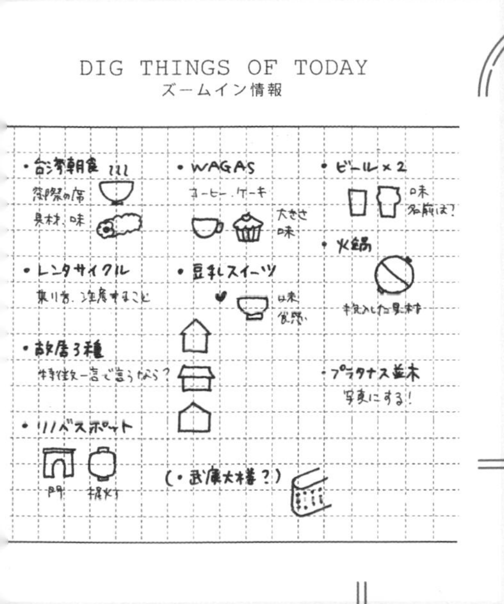
DIG THINGS OF TODAY
ズームイン情報
・WAGAS
・ビール×2
・火鍋
・豆乳スイーツ
・プラタナス並木
写真にする!

Illustration

wagas
美式咖啡
BIG
マグ

商品名用大字、裡面的材料和口味等詳細的特色用小字呈現層次感。

Comment

SUMMER
GINGER
田子坊

特別想標註的地方用對話框也很可愛。寫錯的時候就剪一張一樣的小牛皮紙覆蓋。

Ornament

wagas

大尺寸貼紙就像單件飾品有畫龍點睛之效。這次貼一張復古造型的少女當作自己的分身。

Challenge 試著加上幾頁整趟旅行的回顧頁面

除了每天的旅行紀錄之外，如果加上旅行的整體紀錄，就能增加回憶的厚度。
另外，利用花費、伴手禮和住宿等每趟旅行都有的共同主題再整理資料一次，
屬於自己的旅行資料庫也能愈來愈豐富。

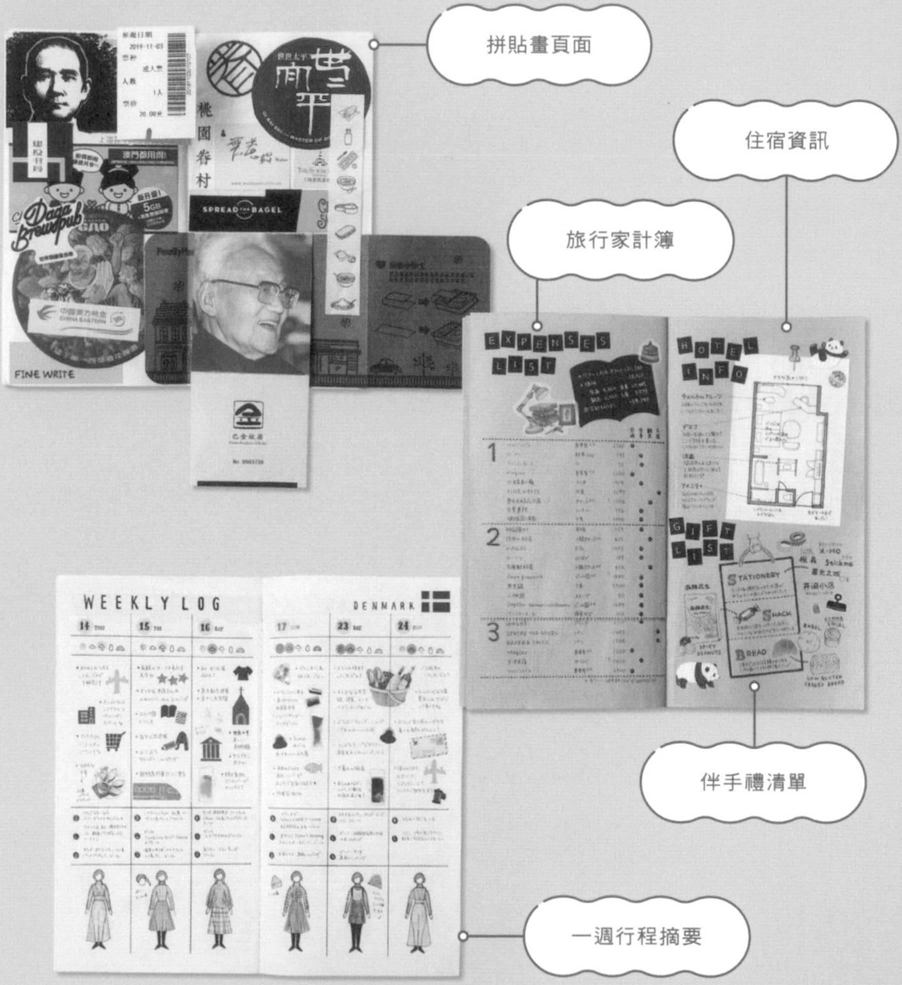

拼貼畫頁面
住宿資訊
旅行家計簿
伴手禮清單
一週行程摘要
SPREAD THE BAGEL
FINE WRITE
EXPENSES LIST
HOTEL INFO
GIFT LIST
STATIONERY
SNACK
BREAD
WEEKLY LOG
DENMARK

⦿回顧頁面的項目

拼貼畫頁面

在旅遊地拿到的紙張多半會使用當地的特色主題、字體和色彩，將它們收集、拼貼，展現「那裡的氛圍」。經年累月形成的摺痕或褪色，又別有風味。

==> p62

旅行家計簿（記帳本）

旅途中的花費紀錄意外地成為回想旅行過程的契機。作家澤木耕太郎名著《深夜特急》的自助旅行中，也曾經用大學筆記本記帳。

==> p64

伴手禮清單

送人或自己吃掉！因為不留下任何痕跡而容易被人遺忘。正因為是「消耗品」才想留在手帳上啊。

==> p65

住宿資訊

住宿也是很重要的旅行過程。寬敞舒適的度假飯店感想一定要寫下來，即使是經濟實惠的商務旅館，也應該可以找到事後讓人會心一笑的小趣事。

==> p66

一週行程摘要

將幾天份的回憶濃縮在一起的「旅行大綱」，一眼就能掌握整趟旅行發生的大小事。

==> p68

怎麼做出拼貼風頁面

不只是觀光景點的導覽手冊，
報紙、免費雜誌、禮物包裝紙
或餅乾的包裝紙，
拿到的都先收起來吧！
把能收集到的素材都先收集起來，
之後才能從中挑選喜歡的貼在頁面上。

参观日期
2019-11-03
票种
成人票
人数
1人
票价
20.00元
建投书局
即買即用
網絡共享(1)
澳門都用得!
新升級!
5GB
+其後無限限速
Daga Brewpub
世界精釀集合地
中國東方航空
CHINA EASTERN
猛丁單一西楚酒花啤酒
FINE WRITE

入場門票

這次用的是印有中國風娃娃圖案的 SIM 卡套，以及繪有街道風景的便利商店隔熱杯套！

直接貼上去太大的話，可以沿著圖案的形狀裁減或切割。

杯墊

飛機餐的調味料包裝袋

店卡

世世太平
QI BAI SHI — MASTER OF 20
Wulao
www.wulaopot.com.cn
THE SUKHO
SHANGHAI
上海素凱泰
PREAD THE BAGEL
溫馨小貼士
巴金故居
Former Residence of Ba Jin

盡量多貼點東西上去，可以重疊的部分就疊貼上去。

門票或筷套等細長的紙就折起來或浮貼。

旅行家計簿(記帳本)的寫法

旅行的特色就是不知不覺會花太多錢。
將花費記錄下來雖然可能會讓人感到很鬱悶，
但絕對是利大於弊！
務必試試看喔♪

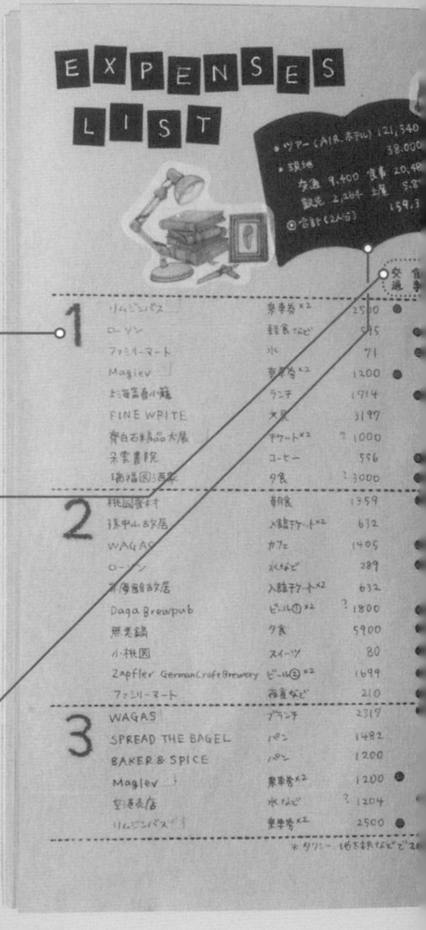
EXPENSES LIST

Point 1

用條列式清單寫下每天花費，成為日記般的紀錄。

Point 2

將交通費、餐費和觀光費分門別類整理，應該能看出消費傾向。

Point 3

記載總金額可以成為下一次旅行的預算和存錢目標的參考。

Memo

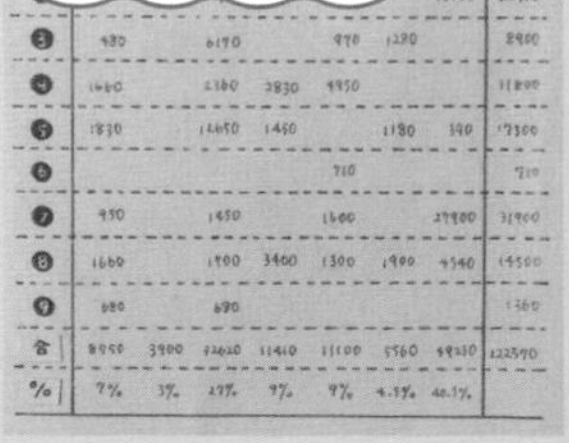

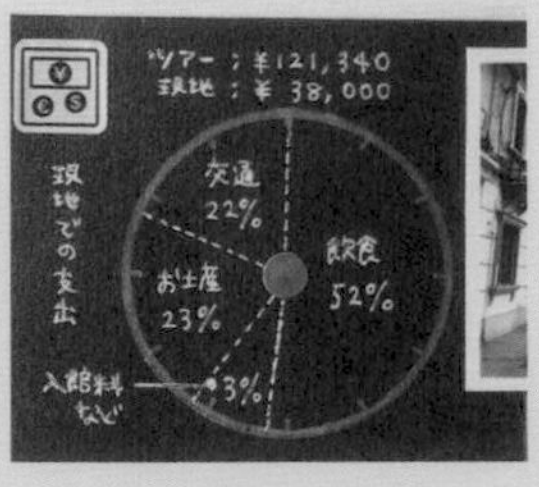
ツアー：¥121,340
現地：¥38,000
現地での支出
交通 22%
飲食 52%
お土産 23%
入館料など 3%

試試各種表現方式，例如計算各類別的小計金額，或將總金額畫成圓餅圖。

列出伴手禮清單

除了送給重要的人或自己的伴手禮，
分給同事或下次想再買的心得都可以寫下來，
這些都是讓回憶更繽紛的關鍵元素。

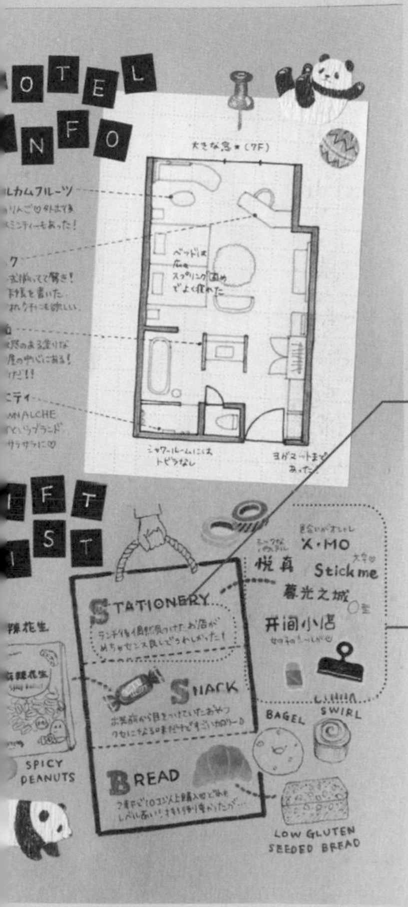
STATIONERY
SNACK
BREAD
X·MO
Stick me
BAGEL
SWIRL
SPICY PEANUTS
LOW GLUTEN SEEDED BREAD

Point 1

購買的店名和金額可以寫在旅行家計簿上。這裡以店內情景、商品特色和挑選時的心情為主。

Point 2

用貼紙取代插圖，或是自己畫畫看 Logo 和標籤都不錯。

Memo

搭配插圖的一覽表，或是俯視角度的開箱照片都 **OK**。

Souvenirs

記錄住宿資訊

搭配格局圖，記錄下床很好睡或風景很好等「優點」，
與熱水不熱或浴室很小等「缺點」，
打造專屬於我的旅遊網站「住客評價」，
趣味性十足！

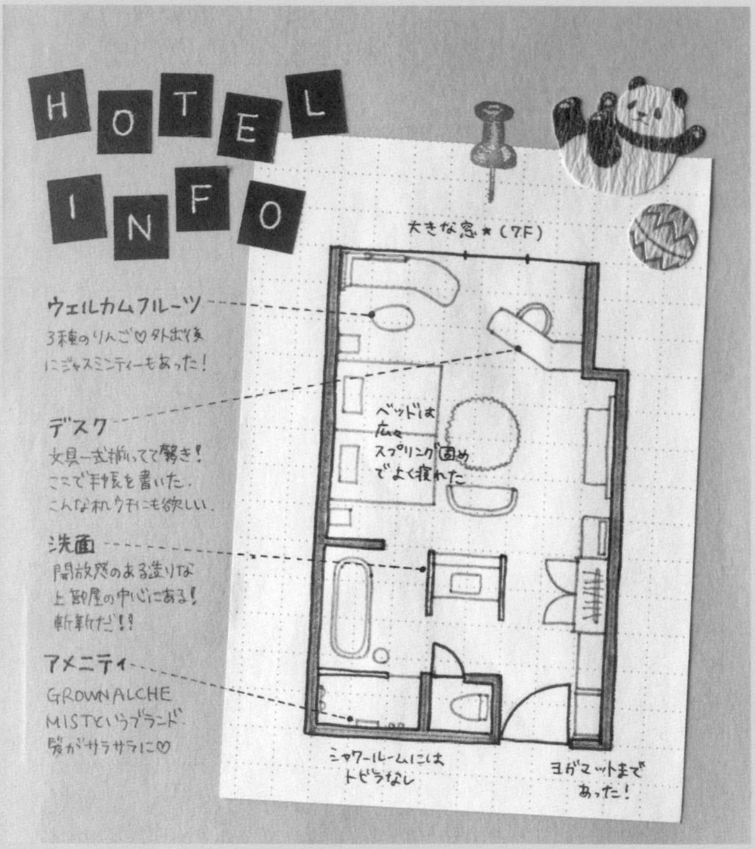
HOTEL
INFO
ウェルカムフルーツ
3種のりんご♡外出後にジャスミンティーもあった！
デスク
文具一式揃ってて驚き！ここで手帳を書いた。こんな机ウチにも欲しい。
洗面
開放感のある造りな上部屋の中心にある！斬新だ!!
アメニティ
GROWN ALCHE
MISTというブランド
髪がサラサラに♡
大きな窓★（7F）
ベッドは広々スプリング固めでよく寝れた
シャワールームにはトビラなし
ヨガマットまであった！

Memo

利用頁面的一角寫成清單或仔細地畫在飯店禮券上，可以選擇合適的篇幅大小統整。

怎麼畫格局圖

格局圖和足跡地圖一樣給人很難畫的印象，
但其實利用方格紙就能簡單畫出。
直接貼在筆記本上營造出很棒的手作感。

1

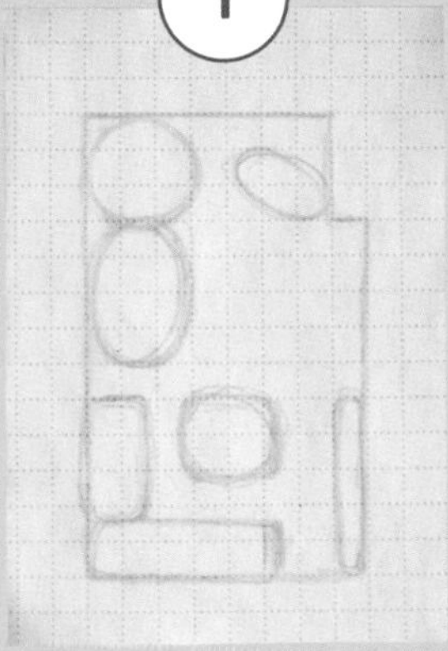

準備一張方格紙，用鉛筆大概畫一下房間整體形狀和各區塊（床鋪周邊、浴室、書桌或茶几旁邊等等）。

2

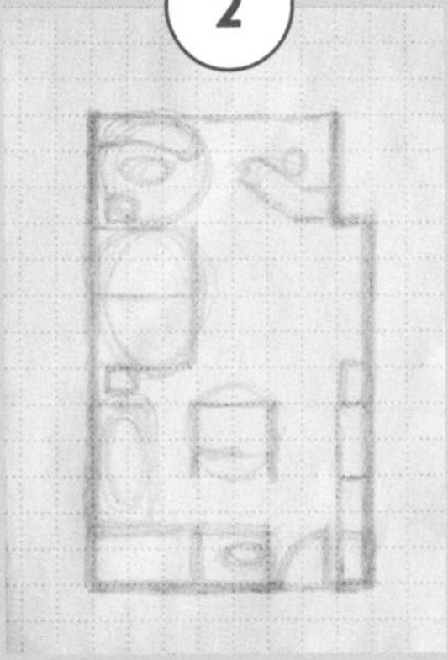

確定各區塊的形狀後開始畫家具。以飯店來說，建議從最主要的床邊區域開始。

3

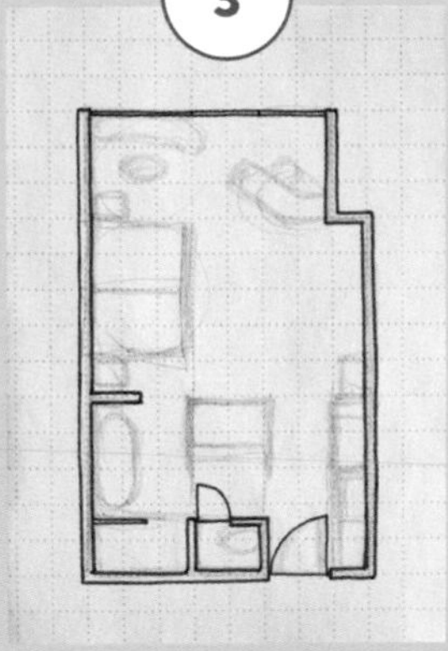

牆壁用雙線、窗戶和隔間用單線畫。這時候開始寫字打草稿也 **OK**。

Complete!

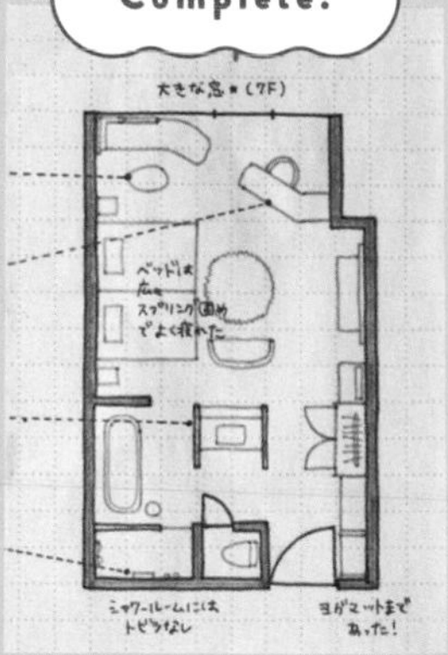
大きな窓 (7F)
ベッドは広め スプリング固め でよく寝れた
シャワールームには トビラなし
ヨガマットまであった!

接下來仔細描繪家具等物件就完成了。
如果把牆壁塗黑，更有劃分空間的感覺。

如何製作一週行程摘要

如果是四天以上的旅行，除了每天行程的頁面之外，
有個一口氣回顧整趟旅程的頁面也很方便。
之前在彙總表上的進食紀錄也可以在這裡活用。

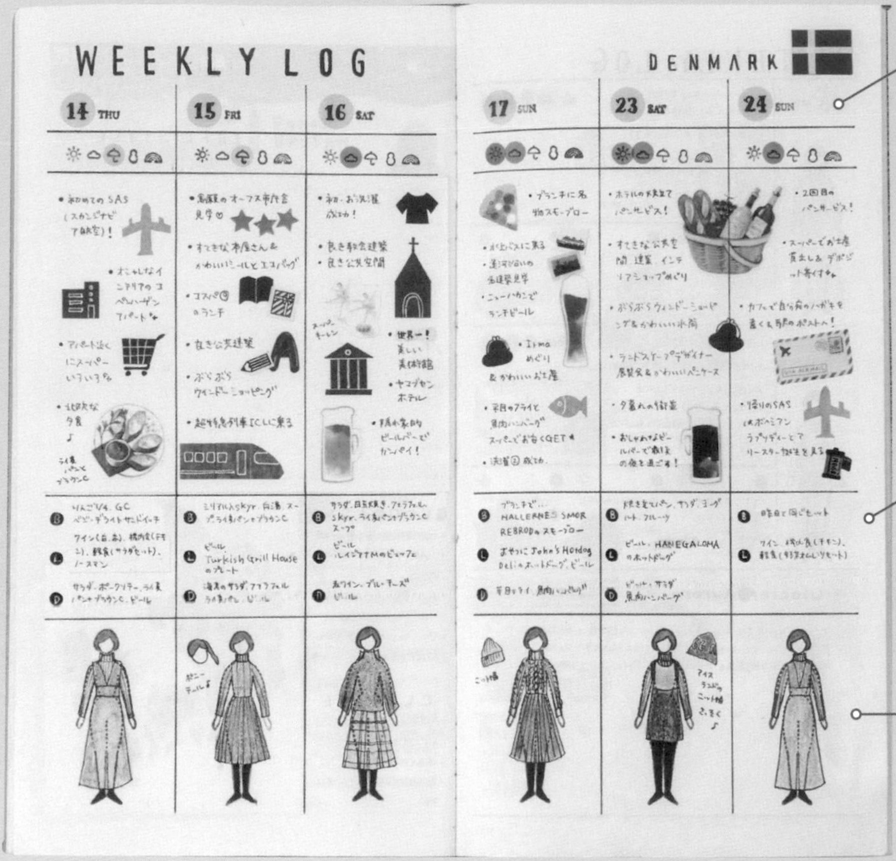

WEEKLY LOG
DENMARK
14 THU
15 FRI
16 SAT
17 SUN
23 SAT
24 SUN

Point

因為要將幾天份的行程簡化成一個跨頁，不妨模仿平常用的週間記事本形式呈現。

14 THU
15 FRI
16 SAT
初めてのSAS（スカンジナビア航空）！
オシャレなインテリアのコペンハーゲンアパート
アパート近くにスーパー
念願のオーフス市庁舎見学
すてきな本屋さん＆かわいいシールとエコバッグ
コスパ◎のランチ
良き公共建築
初・お洗濯成功！
良き教会建築
良き公共空間
スーパーキーレン
世界一！美しい美術館

上區塊

上區塊將當天發生的事簡短條列。使用符合內容的貼紙等圖案讓畫面更華麗。

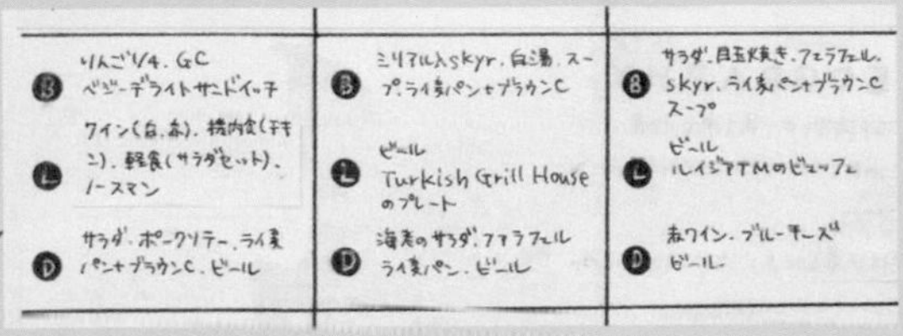
B
L
D
ビール
Turkish Grill House のプレート
赤ワイン、ブルーチーズ

中間區塊

中間區塊參考彙總表的進食紀錄寫下食物清單。那一天的身體狀況或吃太多等等可以一目了然。

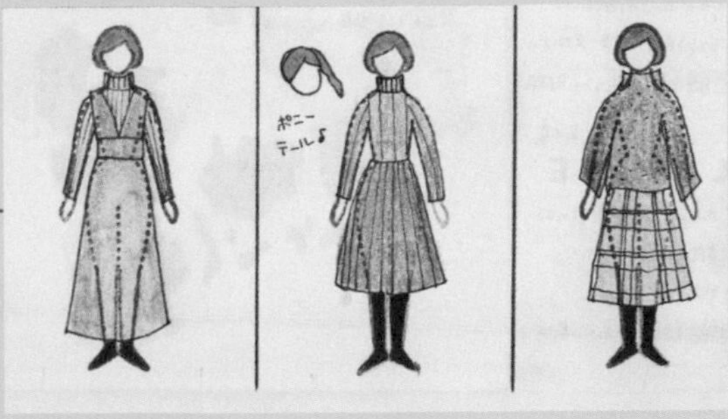
ポニーテール♪

下區塊

下段用衣櫃風格的方式呈現。有這樣的穿著一覽表，以後出遊也更會穿衣服。

Column 2

推薦的裝飾文具

對我而言，裝飾文具是襯托手繪文字、插圖和手帳本身魅力的重要存在。
因此，我會有自己在挑選上的堅持。

Paper

色画用紙
COLORED DRAWING PAPER

美術紙

能作為背景或裝飾，很優！基本色可以在百元商店找到，特殊色調就需要到其他文具店。明信片大小的尺寸也方便收納。

牛皮紙

牛皮紙一樣具備背景和裝飾的功能，是用途多多的優秀單品。**Seria** 的 **A4** 尺寸量很多很划算。

和紙

擁有影印紙和描圖紙沒有的表面質感和柔和的透明感，讓我很喜歡。這是在京都樂紙館買到的。

Stamp

日期章

蓋下去就能在紙上形成漂亮的形狀，買一個就能用十年，非常划算。這是台灣三勝文具（新力牌）的回墨印章系列商品。

文字印章

用在標題或題目，也能區分大小文字。我喜歡「**KODOMO NO KAO**」品牌的簡約風格文字系列印章。最近在百元商店也有很多優質的商品！

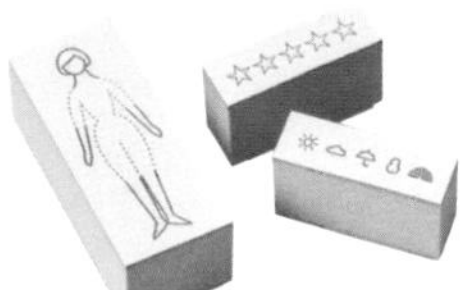

圖案印章

天氣圖、衣櫃風和星星評價等等，都是出遊紀錄超實用的圖案。很多人也在 **Instagram** 問我，我推薦品項齊全的 **Smith** 喔。

Sticker

Point seal
140

圖案貼紙

用來點綴裝飾。喜歡它與和紙相同的透明感。**MIDORI** 的 **Marche** 系列和 **MIND WAVE** 的週末系列雖然很可愛但是比較貴，所以現在也很愛用百元商店的商品。

KITTA

紙膠帶

基本上比起花俏圖案更喜歡簡單風格，而且我會收集待辦事項風、底片風或票券風等充滿旅遊感的紙膠帶。**KING JIM** 出品的「**KITTA**」系列，介於貼紙和紙膠帶之間，讓我深深著迷。

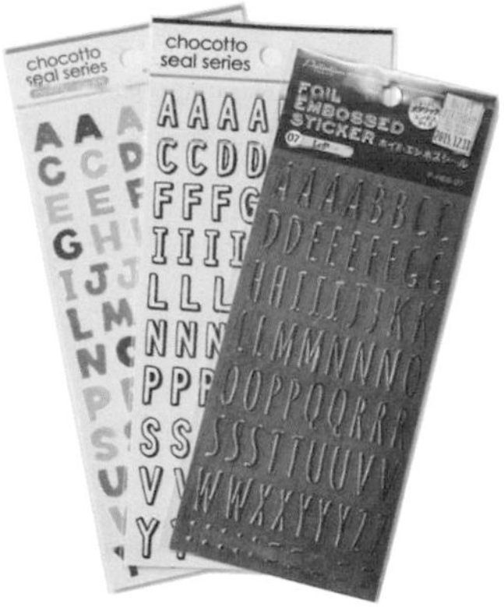
chocotto
seal series
chocotto
seal series
FOIL
EMBOSSED
STICKER

文字貼紙

和文字印章一樣用在標題或題目。百元商店買的意外地簡約也好用。

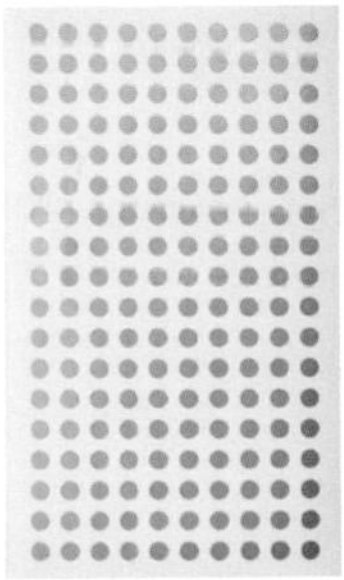

圓點貼紙

貼在足跡地圖中到過的地點。如果是 **A-one** 或 **Nichiban** 的金色標籤貼紙，就能打造出低調奢華風格。買一次就可以用到天荒地老這點也很讚（笑）。

2018-19
JJBean
COFFEE ROASTERS
Pecan
Bagels
#10 Tap
PICK 10 STEAM BREWS
STBRY. RHB. WEISSE
PILSNER
HEROICA RED ALE
MERRIDALE CIDER
MODERATE CAFFEINE
STEEP TIME: 5 MIN
FLAGSHIP IPA
WELDEWEIZEN
AND A BUD
EST. 2004
we take tea personally.
INGREDIENTS: ORGANIC BLACK TEA, ORGANIC CINNAMON, ORGANIC GINGER
ORGANIC CARDAMOM SEED, ORGANIC CLOVES
NATURAL FLAVOR, ORGANIC ROSE PETALS
ORGANIC MARIGOLD FLOWERS
sushi
Mochi
Dessert
Black Sesam
OUR BEST TASTE
CINNAMON
RAISIN
RAISINS ET
CANNELLE
NO ARTIFICIAL
FLAVOURS OR COLOURS
自家製プリン
コーヒー
セット
トースト
ジャムです
セット
コーヒー
FARM TO PARK
RACINES
190725
190726
CONNEL
COFFEE
アイスコーヒー
カウンターチェア
コーネル
マフィン
コールド
ブリュー
STYLE'S
CAKES
スタイルズ
ケーキ
ラズベリー
ショコラ
タルト
18 12 23
Year Month Day
SUNDAY
Cafe
Mame-
Hico
レアチーズ

2019.5
冷食中華
DECEMBER
Nhà Việt Nam
2018
mt

Chapter 4

讓手帳更精采的
創意點子

Basic
arrange ideas

試試各式各樣的紙材、
換換手帳的方向，
花點小心思
讓手帳變得更可愛、
更有趣的點子。

用「紙類」變出各種花樣！

從美術紙、千代紙到和紙，不同的紙材有著五花八門的顏色和圖案，無論剪或摺，加工方式也各有不同。光看紙材，可以變化的範圍就非常廣泛。

試試用「黑色」當底色

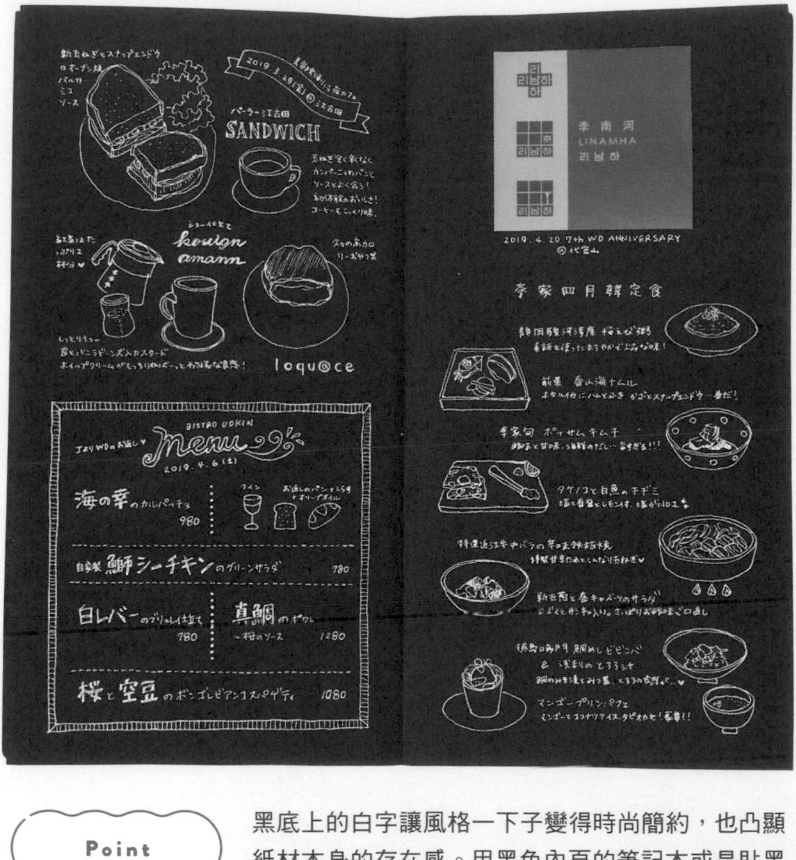

SANDWICH
kouign amann
loqu@ce
BISTRO UOKIN
menu
海の幸のカルパッチョ 980
白レバーのブリュレ仕立て 780
真鯛のポワレ 1280
桜と空豆のボンゴレビアンコスパゲティ 1080
李南河
LINAMHA
리남하
2019.4.20 7th WD ANNIVERSARY
李家四月韓定食

Point

黑底上的白字讓風格一下子變得時尚簡約，也凸顯紙材本身的存在感。用黑色內頁的筆記本或是貼黑色畫紙都**OK**。將美味餐廳的回憶，設計成黑板菜單風也超可愛！

大小對齊的「卡牌」風

パン屋航路
しみず食堂
Cafe Coyote
たまがんぞう
DAY 3
グリーンヒルホテル
EASY DAY
ONOMICHI
RELAX
FEB 11
FEB 12
ZAKKA UZUSHIO
cafe coyote
YAMANEKO MILL
DAY 4
RETRO
GOLD
ZAKKA
UZUSHIO
尾道浪漫珈琲
昇福亭の
はっさく大福
グリーンヒルホテル
尾道

Point

將黑色畫紙剪成相同大小，寫下心動瞬間或焦點情報，就完成了自己原創的旅行卡牌。用其他顏色當然也**OK**。除了貼在手帳上，依照地區分類保管、和朋友交換也很好玩喔！

黑板、信封……習慣使用「紙張素材」

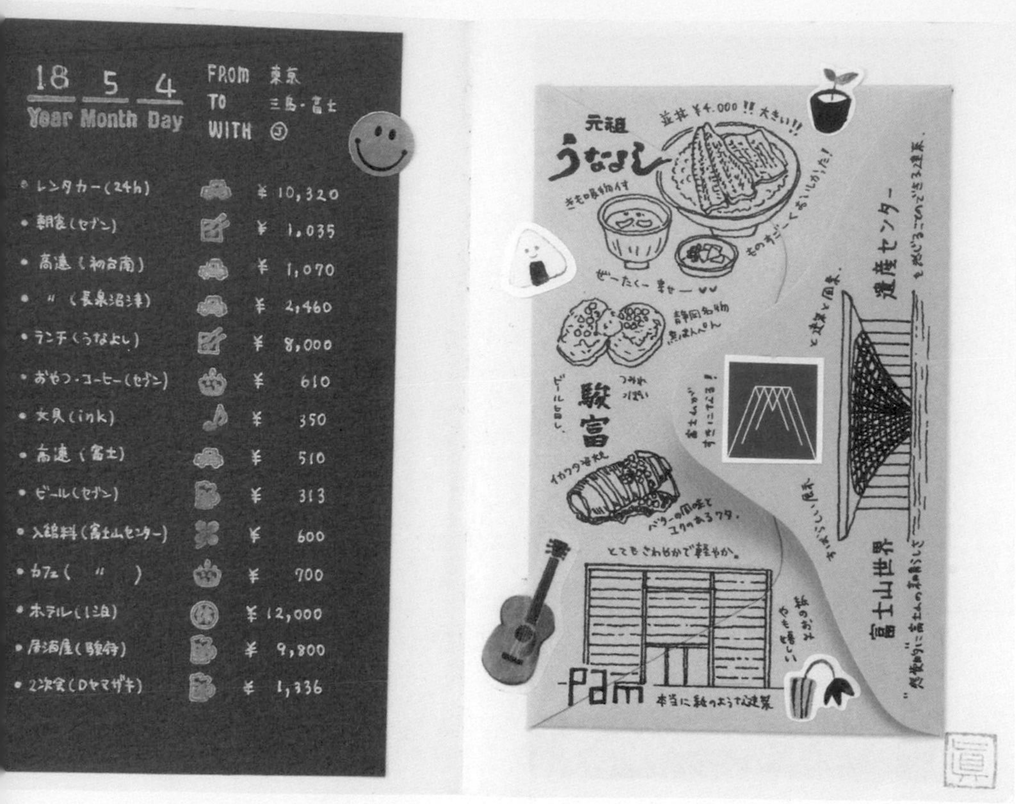

18 5 4
Year Month Day
FROM 東京
TO 三島・富士
WITH ③
レンタカー(24h) ¥10,320
朝食(セブン) ¥1,035
高速(初台南) ¥1,070
〃(長泉沼津) ¥2,460
ランチ(うなよし) ¥8,000
おやつ・コーヒー(セブン) ¥610
文具(ink) ¥350
高速(富士) ¥510
ビール(セブン) ¥313
入館料(富士山センター) ¥600
カフェ(〃) ¥700
ホテル(1泊) ¥12,000
居酒屋(駿府) ¥9,800
2次会(Dヤマザキ) ¥1,336
元祖
うなよし
駿富
富士山世界遺産センター
Pam

Point

改用墨綠色的底紙營造出懷舊黑板風格。另外，除了一般紙張，色紙摺成小信封也能用來當作底紙。信封裡面還能收放紙片，一舉兩得。不在意摺痕，養成大膽使用的習慣很重要。

用用看日本傳統工藝品「和紙」

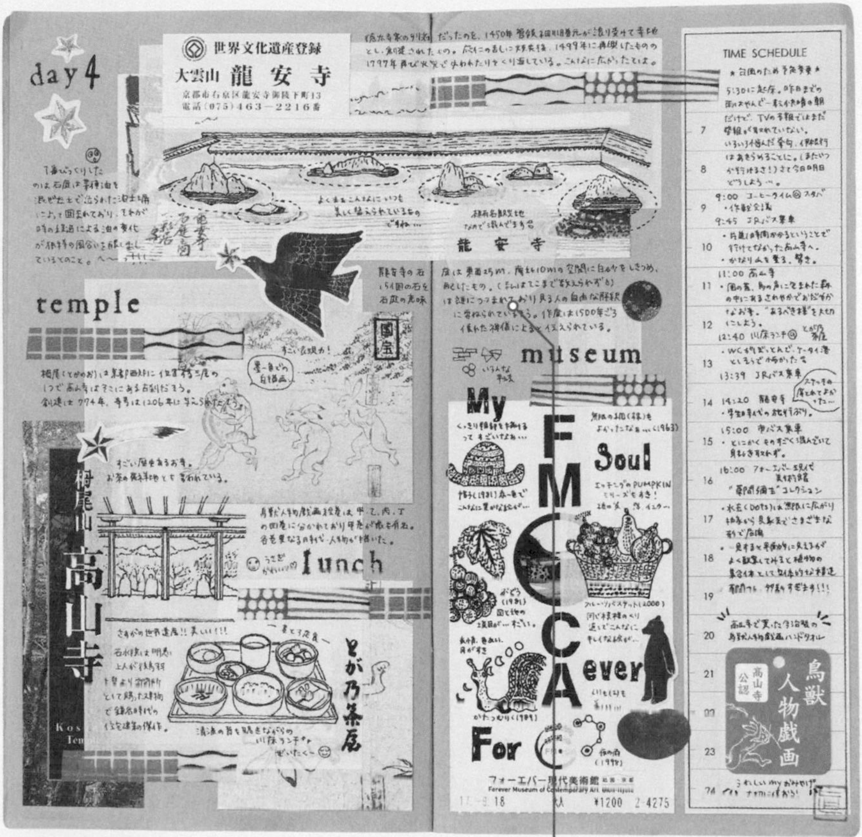
世界文化遺産登録
大雲山 龍安寺
京都市右京区龍安寺御陵下町13
電話(075)463-2216番
day 4
temple
museum
lunch
My
Soul
ever
For
FMCA
フォーエバー現代美術館
TIME SCHEDULE
鳥獣人物戯画
高山寺

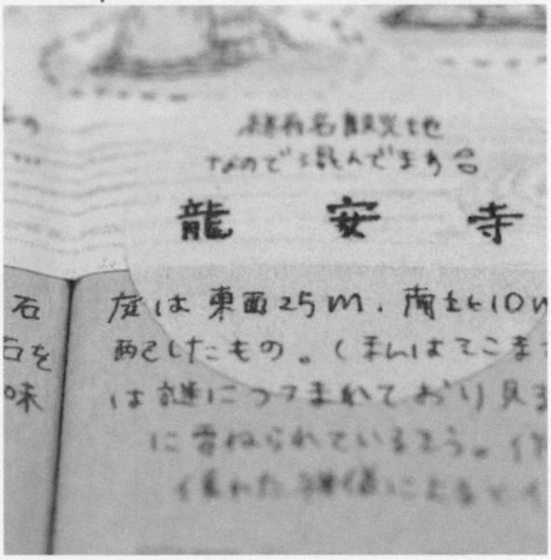
龍 安 寺

Point

和紙被聯合國教科文組織認定為世界非物質文化遺產。最近也有人把紙膠帶稱作「**Washi Tape**（和紙膠帶）」，和紙與寺院門票等和風設計的紙張也很搭。不管重疊幾張都不會感到厚重，呈現獨特風情，我自己非常愛用。

把行程變成可愛的「時鐘風」！

依照時序簡單記錄行程也很好，但如果多加利用時鐘上的圓盤，
更能讓人立刻判斷時間，可愛度翻倍！接下來就跟大家介紹如何運用。

用牛皮紙做出「簡易時鐘」

18 12 23
Year Month Day
SUNDAY
CHRISTMAS
DECEMBER
18 12 24
Year Month Day
MONDAY
ミカヅキ堂
Crossroad
BAKERY
Nhà Việt Nam
MERRY CHRISTMAS
13:20
14:40
15:00
15:20
20:00
17:00
11:45
13:00
10:00
16:00
2018
mt
MERRY CHRISTMAS
Smith
STITCHWORK KEY HOLDER
DESKLABO
http://www.desklabo.net
0334217409
YEBISU GARDEN CINEMA
H-07

13:20
MERRY
CHRISTMAS
14:40
15:00
20:00
15:20
17:00

Point

將牛皮紙剪成一個圓，周圍寫上時刻就是一個簡單的時鐘。使用手帳專用的小貼紙，配合圓鐘上的時間記錄行程，一天的時間軸一目了然。

「好上手」印章時鐘製作法

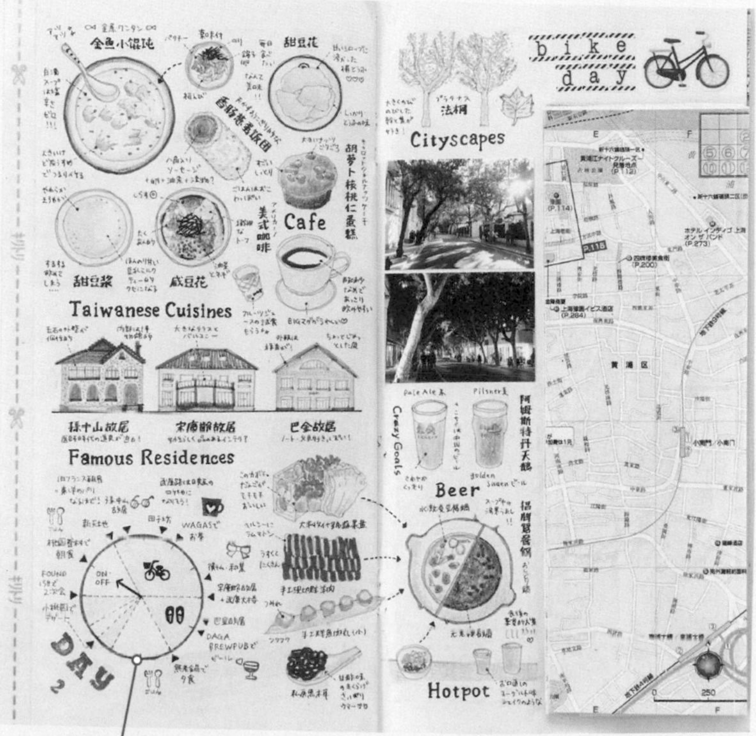
Taiwanese Cuisines
Cafe
Famous Residences
bike
day
Cityscapes
法桐
Beer
Hotpot
金魚小餛飩
甜豆花
甜豆漿
咸豆花
美式咖啡
孫中山故居
宋慶齡故居
巴金故居
DAY

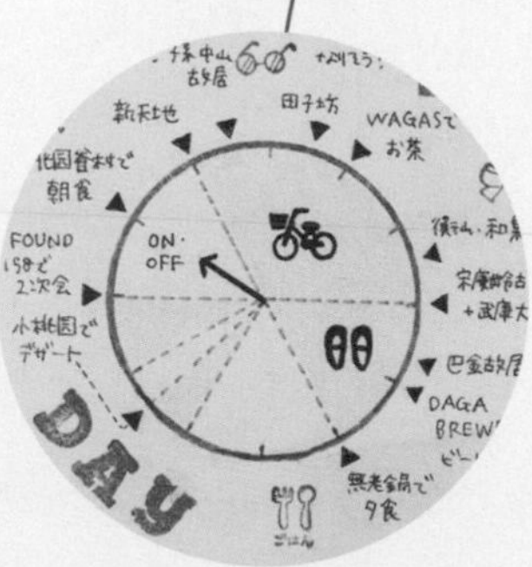
新天地
田子坊
WAGASでお茶
ON·OFF
FOUND 15まで 2次会
小桃園でデザート
巴金故居
DAGA
無老鍋で夕食
DAY

Point

覺得剪一個圓、畫上時間很難的你，不妨用用看時針圖案的印章。蓋個章時鐘圓盤就完成了，還能利用各種印泥顏色改變風格。這裡選擇藍紫色印泥營造清爽感。

「手殘系」紙膠帶時鐘製作法

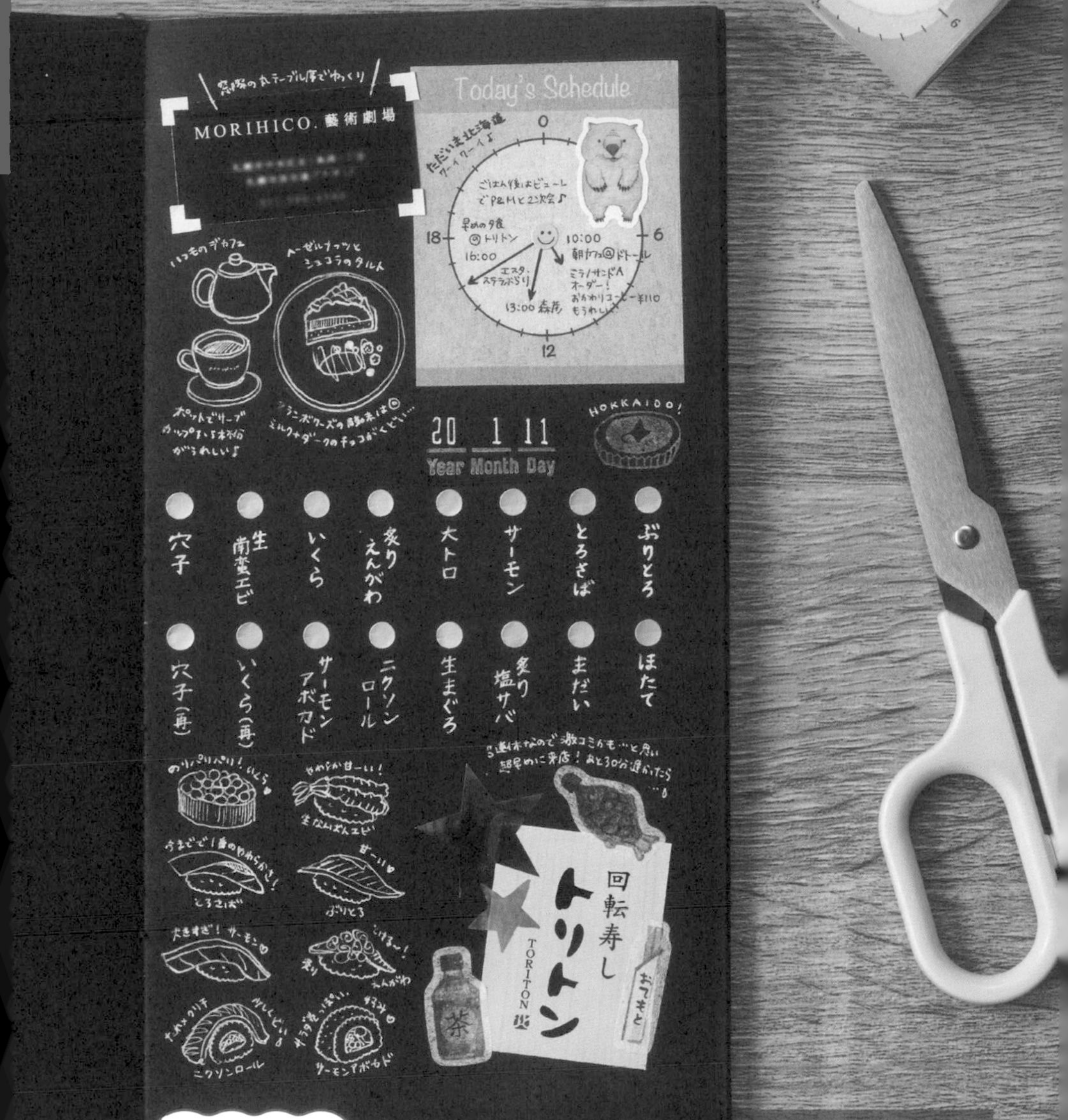

MORIHICO. 藝術劇場
Today's Schedule
0
6
12
18
10:00
13:00
16:00
20 1 11
Year Month Day
HOKKAIDO!
穴子
生南蛮エビ
いくら
炙りえんがわ
大トロ
サーモン
とろさば
ぶりとろ
穴子(再)
いくら(再)
サーモンアボカド
ニクソンロール
生まぐろ
炙り塩サバ
まだい
ほたて
回転寿し
トリトン
TORITON
茶

Point

要把印章蓋得漂亮有點難耶⋯⋯好消息報給你，最近可以買到時針圖案的紙膠帶喔（百元商店也有！）這次用的是大創的商品，可愛的鐘面周圍設計，讓頁面一下子華麗起來。大家一定也要試試看。

使用「mini_minor's模板」

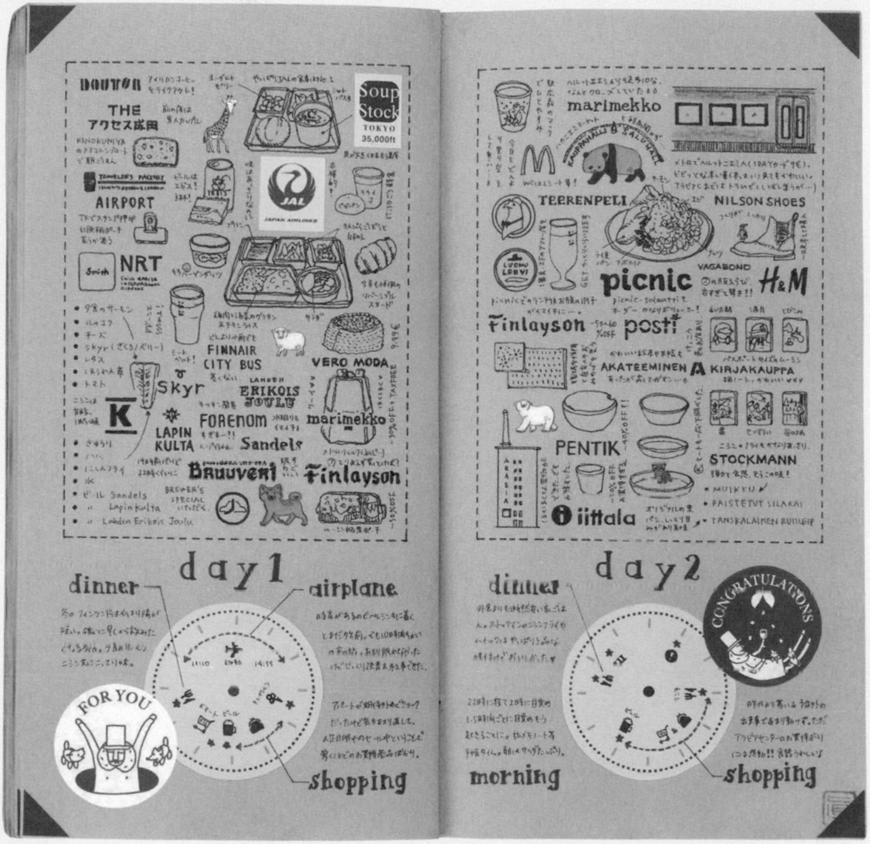
DOUTOR
THE
アクセス成田
AIRPORT
NRT
Soup
Stock
TOKYO
35,000ft
JAL
JAPAN AIRLINES
FINNAIR
CITY BUS
VERO MODA
Skyr
LAPIN
KULTA
FORENOM
ERIKOIS
JOULU
marimekko
Sandels
Finlayson
marimekko
TEERENPELI
NILSON SHOES
VAGABOND
picnic
H&M
Finlayson
posti
AKATEEMINEN
KIRJAKAUPPA
PENTIK
STOCKMANN
iittala
day1
dinner
airplane
shopping
FOR YOU
day2
dinner
morning
shopping
CONGRATULATIONS

Point

前陣子一直找不到適合貼在牛皮紙筆記本上的時鐘圖案。所以……我就自己做了一個原創的「白色簡單時鐘」模板。這個模板和表格一樣可以從p127下載，喜歡的話歡迎使用♪

「橫向」使用筆記本擴大書寫空間

市售的筆記本多半是瘦長型。
有時候因為中間那一條連接處讓紙面的使用受限。
這時一鼓作氣地轉個 **90** 度也是一個方法！

橫排插圖搖身一變成為「街道風」

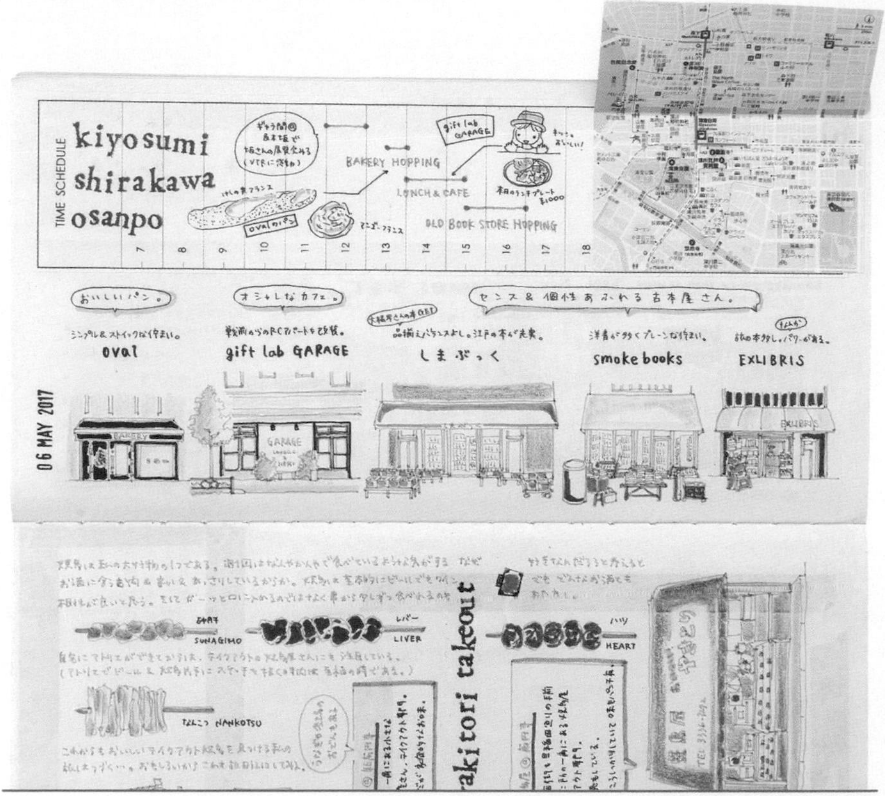

TIME SCHEDULE
kiyosumi
shirakawa
osanpo
BAKERY HOPPING
LUNCH & CAFE
OLD BOOK STORE HOPPING
gift lab GARAGE
おいしいパン。
オシャレなカフェ。
センス & 個性あふれる古本屋さん。
oval
gift lab GARAGE
しまぶっく
smoke books
EXLIBRIS
06 MAY 2017
SUNAGIMO
LIVER
HEART
NANKOTSU
akitori takeout

Point

行程紀錄和店家外觀的插圖都用橫向排列，街道景色躍然紙上，彷彿可以在上面散步。整個頁面都好好妥善利用吧。

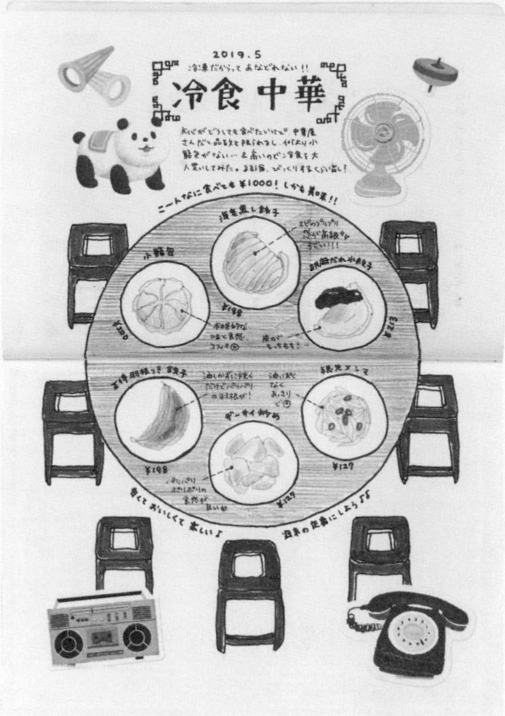
2019.5
冷食中華
¥198
¥213
¥127

小型筆記本也能「大膽」使用

Point

改變筆記本的方向後，紙面運用更有臨場感。尤其 **TRAVELER'S notebook** 系列的護照尺寸，效果尤佳。

C
W
Coffee
Wrights
DECAF
COFFEE
HIGUMA
Doughnuts
DAILY'S MUFFIN
SUGAR
29 JUN 2019

Point

這一頁上面只畫了甜甜圈、馬芬和咖啡杯。雖然資訊量不多，在小筆記本上看起來就很足夠。

將旅遊地點的各種紙張變成「立體繪本」！

很多人小時候都曾經被立體繪本吸引吧。
施展幾個立體的搭配，翻頁更有趣！

「重疊」、「打開」、「拉開」、「翻開」的各種機關

Compass
FALL/WINTER 2018-19
$19.95
Daily Question: My Five-Year Spiritual Journal
Vancouver Artgallery
JJBean
COFFEE ROASTERS
#10 Tap
PICK 10 STEAM BREWS
STBRY. RHB. WEISSE
PILSNER
HEROICA RED ALE
MERRIDALE CIDER
MODERATE CAFFEINE
STEEP TIME: 5 MIN
FLAGSHIP IPA
Pecan Fruit
Dempster's
BAKERY
Bagels
OUR BEST TASTE
CINNAMON RAISIN
RAISINS ET CANNELLE
NO ARTIFICIAL FLAVOURS OR COLOURS
Mochi
Dessert

pop up!

Bagels
CINNAMON
OUR BEST TASTE
TERRA
Café & Pie Shop
$2.99
Earls
Mochi

Point

製作拼貼畫頁面時的原則雖然是「重疊」，但不妨多試試其它招式，例如：從左右拉開紙片、拿出口袋裡的東西、翻開塑膠素材……再搭配重疊的手法增加頁面立體感，期待感也倍增。

摺愈多、能保留的就愈多

RIVER RETREAT
雅樂倶
リバーリトリート雅樂倶
ぶらり能登
BURARI NOTO
昭和10年創業
喫茶チェリオ
富山名産 鱒の寿し
石窯ひらみぱん
ピッツァ ブッダ ゴリラ
PIZZA BUDDHA GORILLA
ます寿し
金沢市立 玉川図書館
+ 近世史料館
谷口吉郎・吉生記念
金沢建築館
金沢海みらい図書館
Kanazawa Umimirai Library
Made in TOYAMA
～富山初のベーグル専門店～
鈴木大拙館
D. T. SUZUKI MUSEUM
高志の国 文学館
KOSHINOKUNI Museum of Literature
純喫茶
ツタヤ

ぶらり能登
金沢市立 玉川図書館
近世史料館
金沢建築館

Point

「摺」這個技巧也有各種可能，包括反覆摺兩三次或是轉換摺紙的方向等等。這個方式能騰出書寫的空間，也可以保留更多東西。

利用「分割技巧」讓頁面看起來更整齊！

安排版面好難喔⋯⋯有這樣想法的人不妨試試將頁面大致分割成 **2**、**3**、**4** 等分。在這樣的前提下，手帳會變得十分整齊喔。

2 分法

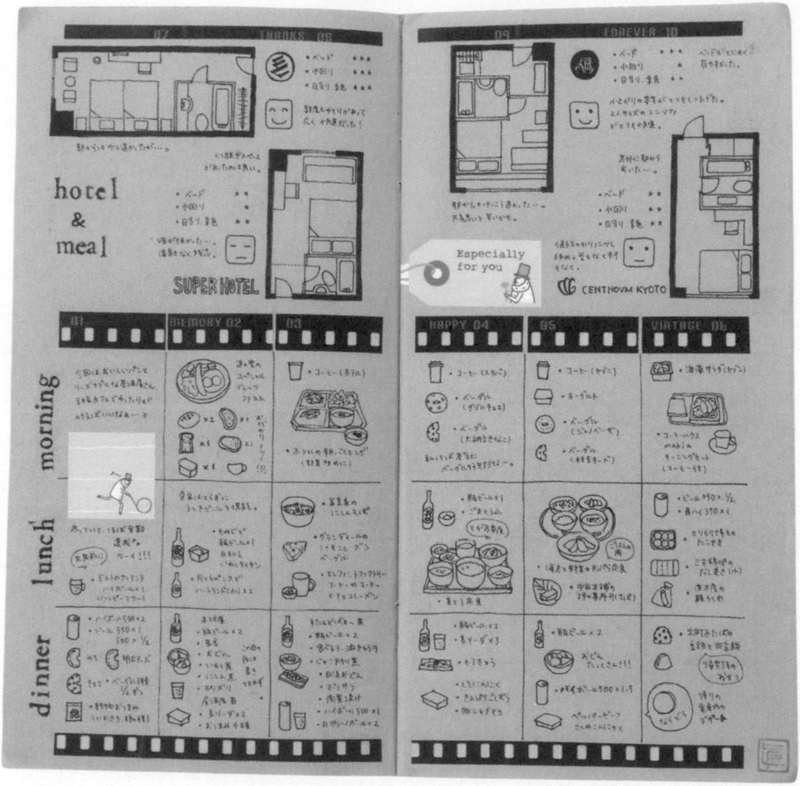

THANKS 08
FOREVER 10
hotel & meal
SUPER HOTEL
Especially for you
CENTNOVM KYOTO
MEMORY 02
HAPPY 04
VINTAGE 06
morning
lunch
dinner

Point

事先將一頁分成幾個區塊，整體給人的印象更整齊分明。這裡的例子是將回顧頁面的住宿與三餐紀錄簡單分成兩區。

3 分法

暮らすような旅の持ち物たち
THING TO BRING
THEME
THANK YOU
FOR YOU
ヘルシンキの日常を感じる旅
JANUARY
5-10
2018
FINLAND
HELSINKI
MAP

Point

以準備階段的目的地・旅行主題、分區地圖和攜帶物品清單分成三區為例。分好之後再確定各個主題的位置，可以試試各種可能，決定哪個主題要放在哪裡。

16 分法

Café Fermata
自家製プリン
コーヒーセット
190628
FARM TO PARK
RACINES
トースト
セットコーヒー
190725
アイスコーヒー
抹茶シフォン
190720
アイスコーヒー
190726
CONNEL COFFEE
メープルピーカンブロンディ
コールドブリュー
190723
CHOCO LATE
STYLE'S CAKES & CO.
スタイルズケーキ
190827
エッグタルト
アイスコーヒー
190724
original egg
190830

Point

上圖是將 **2019** 年夏天去過的每間咖啡店分成 **16** 格記錄下來。各項主題內容即使有些不同，卻能塑造出整體的一致感。用相同的底紙貼店標，更能讓風格統一。

報紙風分法

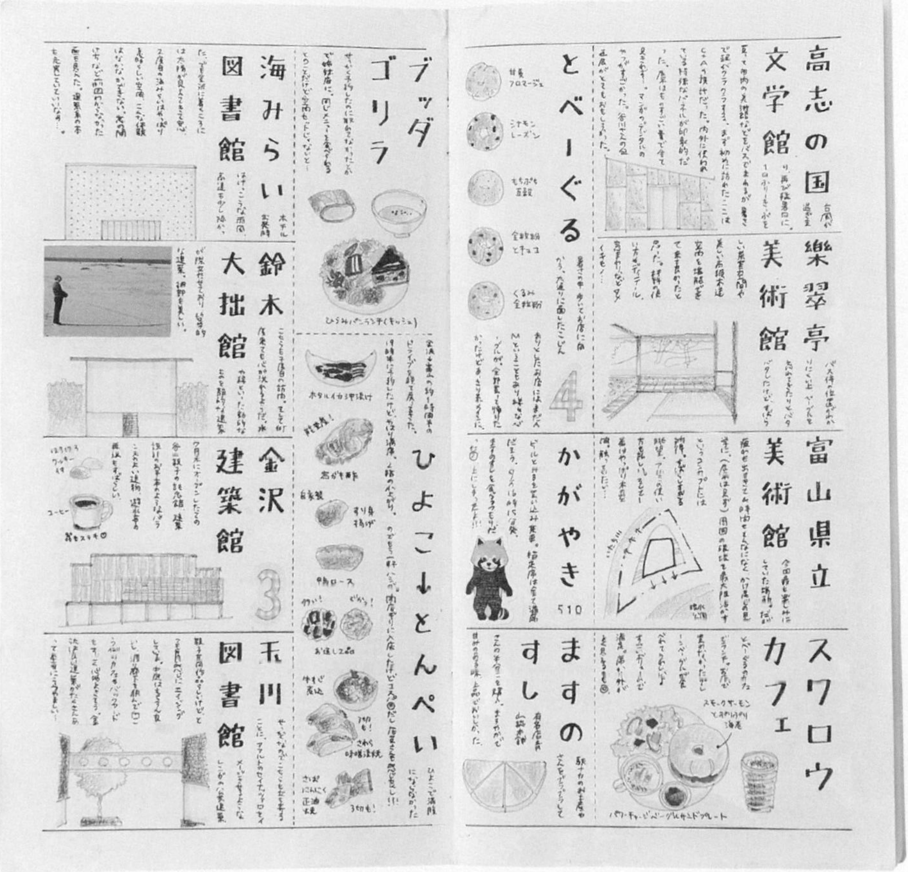

高志の国文学館
樂翠亭美術館
富山県立美術館
スワロウカフェ
とべーぐる
かがやき
ますのすし
ブッダゴリラ
海みらい図書館
鈴木大拙館
金沢建築館
ひよこ↓とんぺい
玉川図書館

Point

報紙是一個隨手可得的版面分割好例子。上圖是 2019 年北陸旅行的頁面。直書文字讓人感到很新鮮。標題用可愛的手繪字體、貼紙或文字圖章都很不錯！

小密技合集　Petit techniques

不管哪一頁都用得到的小密技大公開！

Technique 1　上相的票券直接拿來用！

機票、火車票或小小的電車票，這些東西本身就是充滿旅行感的物品。只要請車站人員蓋上作廢章就能帶回家，不妨大膽地貼上去讓它們當當頁面的主角吧。

zoom!
ONOMICHI
KURE
29.10.-8
呉
西日本会社線
▶500円区間
小児250円
716 18:31
A

Technique 2　收據直接拿來代替日記！

收據上記載許多資訊，印刷字體也相對整齊，直接貼上去就很有感覺。邊邊修剪一下，加點手寫線條再用紙膠帶裝飾會更可愛。

zoom!
Tea House
TAKANO
TEL 03-3295-9048
東京都千代田区神保町１－３
寿ビル　B１
2019年 1月12日(土)18時14分000101
H ミントティー ¥550内
ジャスミン ¥520内
スコーン ¥450内
伝票No. 970 テーブルNo. 108
¥1,520
小計額 ¥1,520
合計 ¥2,050
預/現計 ¥530
お釣
合計点数 3点
1 扱担当1 No.6586 2名

Technique 3 重要的紙類收在手工袋袋裡！

美術館或電影的票根等大張又具存在感的票券不要剪貼，原狀保管是最好的。這時候就做一個口袋吧。使用圖案漂亮的紙張讓口袋本身也變得很上相。

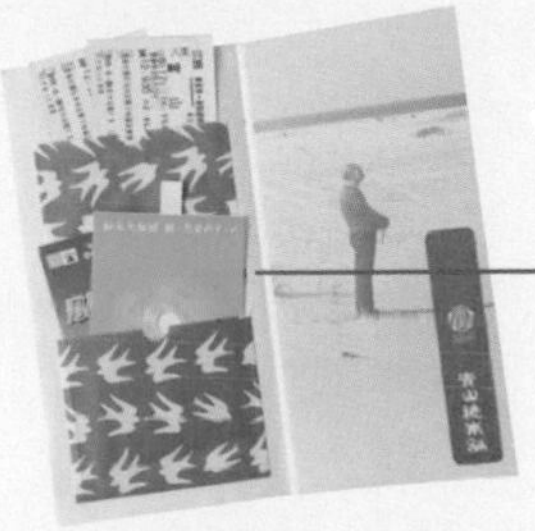

zoom!

鈴木大拙館 朝・思索のすすめ

Technique 4 利用實用性強的紙膠帶

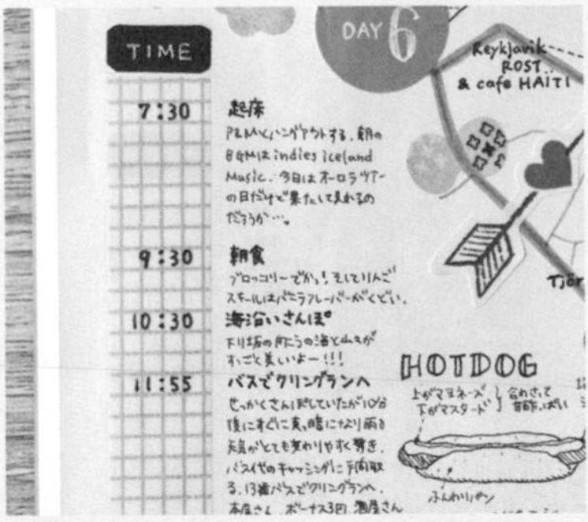
TIME
7:30
9:30
10:30
11:55
DAY 6
Reykjavik ROST & cafe HAITI
HOTDOG

記錄行程的時間表可以用方格紙膠帶，變換紙膠帶的顏色和種類就能呈現不同氛圍。

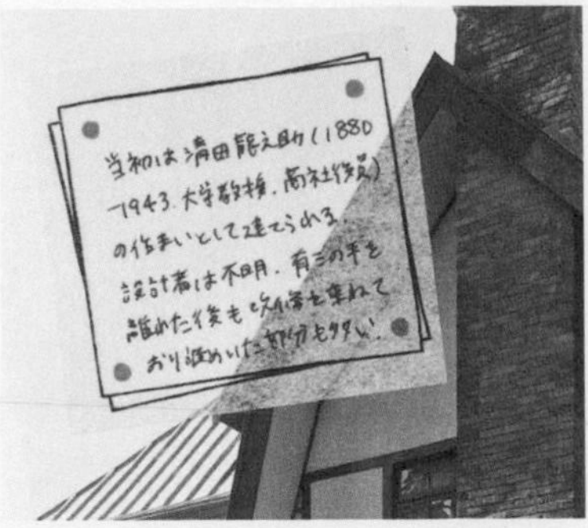

在導覽手冊上直接貼上便條紙風的紙膠帶。它不會搶了旁邊照片或整體設計的風采，還能在上面加註筆記，是非常優秀的單品！

Column3

挑選 & 使用變得更開心！

裝飾文具的收納點子

愛寫手帳或筆記的後果就是裝飾文具愈買愈多。回過神來才發現「類似的商品買了好幾個」、「都忘了有買這個」。
如果能好好整理這些裝飾文具，要用的時候就能馬上找到自己需要的，做手帳也會變得更加開心。

Idea 1

簡約和花俏等不同風格的紙膠帶用「抽屜」分區收納

以前放在餅乾罐裡面，取放很不方便。那時我發現百元商店有賣 Desk Labo 組合收納盒，就手刀買了下來。抽屜的深度剛剛好，一眼就能掌握風格和數量，非常好用！最重要的是價格親民。

Idea 2

貼紙依照大小和風格用「單字卡方式」收納

貼紙以前也是立起來放在百元商店的塑膠盒裡面，但是每次都要找很久才找到自己想要的。所以我把單字卡會用的鐵環穿過貼紙上面的孔，一疊疊分門別類，找的時候用翻的就可以。讓選貼紙這件事變得很有趣。

Idea 3

模仿「急救箱」收納將印章和印泥擺一起

以前印章和印泥（印台）都分開放，但是急救箱裡的紗布和消毒藥水不是都放在一起嗎？所以我把它們一起改放在百元商店附提把的收納盒裡面，要用的時候可以整盒帶著走，攜帶性更佳。

Check　mini_minor的書桌大公開

這裡稍微介紹一下我自己的書桌周圍。我很重視能夠讓人好心情、快樂做手帳的作業環境喔。

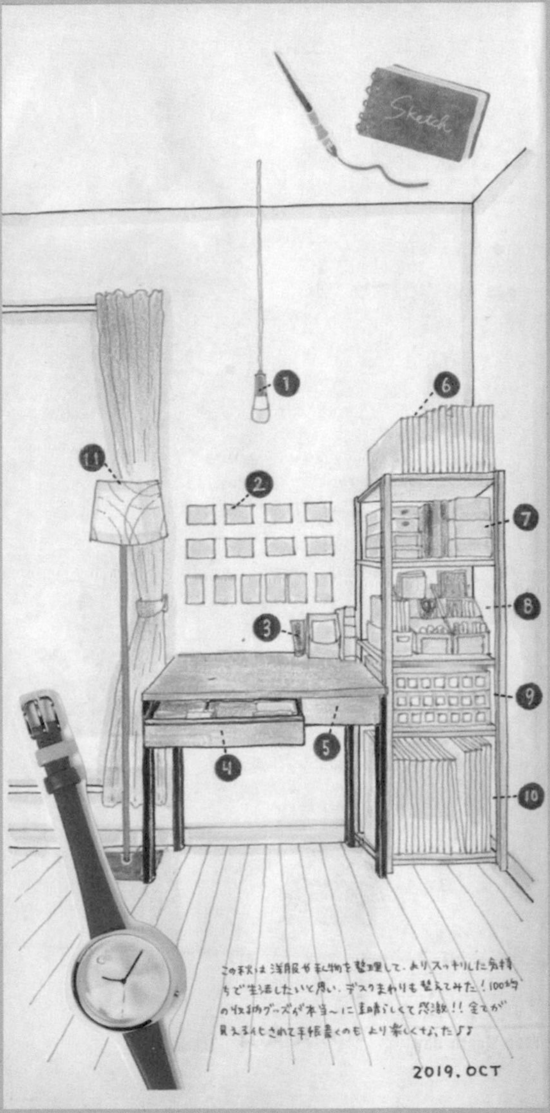

Sketch
1
2
3
4
5
6
7
8
9
10
11
この秋は洋服や私物を整理して、よりスッキリした気持ちで生活したいと思い、デスクまわりも整えてみた！100均の収納グッズが本当〜に素晴らしくて感激!! 全てが見える化されて手帳書くのもより楽しくなった♪♪
2019. OCT

① 吊燈
在家居中心買的電燈泡，亮度足夠應付夜間作業。

② 芹澤鞋介的繪圖明信片
我很喜歡的作家。不但可以當作設計的參考，光用看的就有療癒效果，所以總是放在視線範圍內。

③ 筆筒等等
我用的是Seria賣的筆筒，很喜歡它細瘦的外型，裡面會放常用的文具。

④ 抽屜（文具）
會放色鉛筆、切割墊和尺等等。

⑤ 抽屜（生活用品）
裡面有記帳本和計算機等充滿生活感的各種雜物（笑）。

⑥ 喜歡的書
嚴選了幾本讀了會充滿活力的書。

⑦ 印章和插圖貼紙等等

⑧ 紙膠帶、貼紙和剪刀等等

⑨ 還沒貼在手帳上的紙類
放在隨手可以拿到的地方，想做的時候就能立刻開工。

⑩ 大於A4的資料和雜誌等等

⑪ 立燈
從IKEA購入。需要柔和光線的時候會打開。

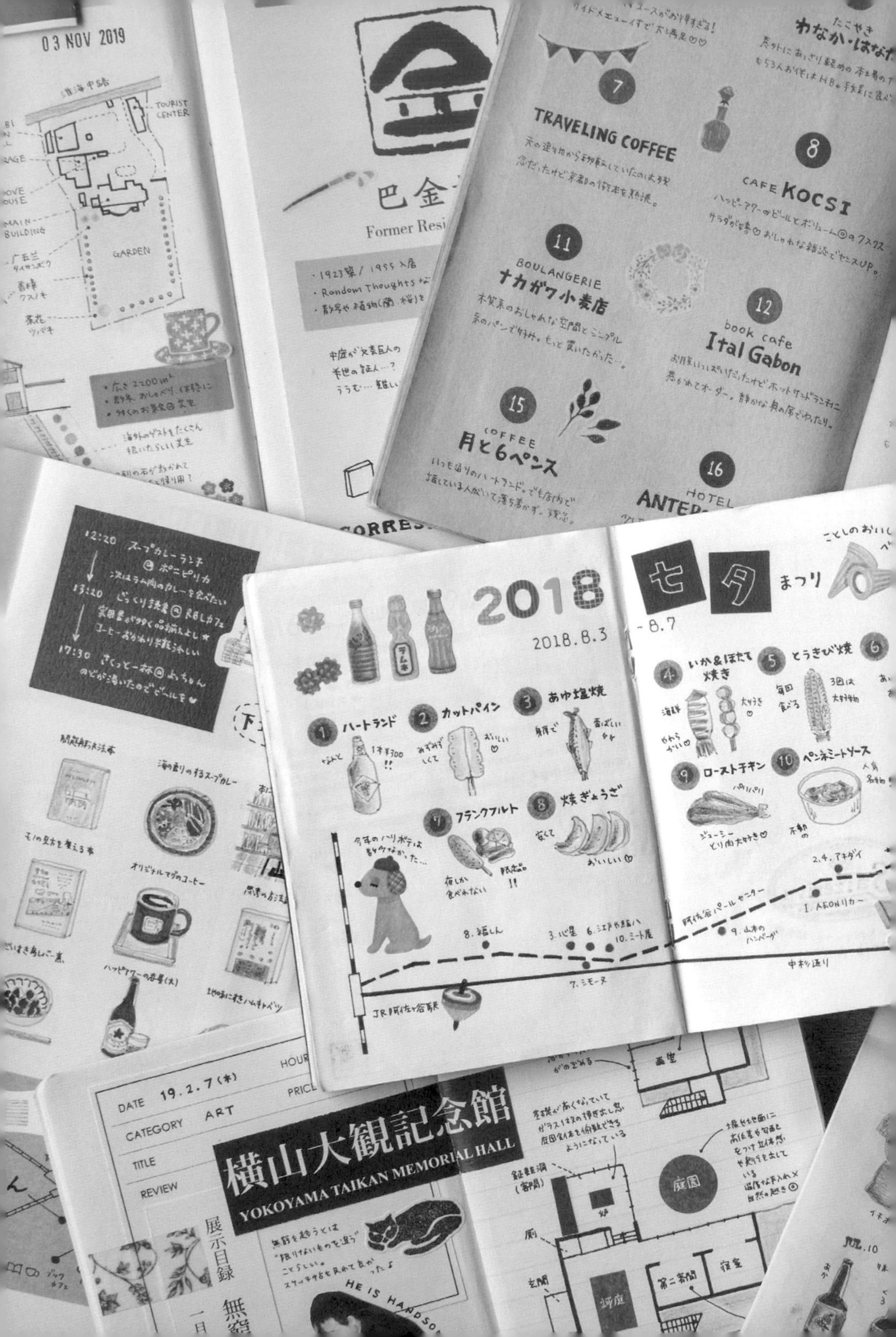

03 NOV 2019
TOURIST CENTER
MAIN BUILDING
GARDEN
Former Resi
・1923築／1955入居
・Random Thoughts
TRAVELING COFFEE
CAFE KOCSI
BOULANGERIE
ナカガワ小麦店
book cafe
Ital Gabon
COFFEE
月と6ペンス
HOTEL
たこやき
わなか・はなた
12:20 スープカレーランチ
13:20 じっくり読書
17:30 さくっと一杯
2018
2018.8.3
七 夕 まつり
-8.7
1 ハートランド
2 カットパイン
3 あゆ塩焼
4 いか&ほたて焼き
5 とうきび焼
7 フランクフルト
8 焼ぎょうざ
9 ローストチキン
10 ペンネミートソース
JR阿佐ヶ谷駅
中杉通り
DATE 19.2.7(木)
CATEGORY ART
TITLE
REVIEW
HOUR
PRICE
横山大観記念館
YOKOYAMA TAIKAN MEMORIAL HALL
展示目録
HE IS HANDSO
庭園
第二客間
寝室
玄関

tea room マヅラ
下鴨神社
L'atelier de coquin
HANAKAGO
ice cream
home cooking
iced coffee
fish
beer

Chapter 5

進階
旅行手帳應用創意法

Apply
arrange ideas

手帳製作漸漸上手之後，
進一步應用
Chapter4介紹的變化技巧，
挑戰各式各樣的呈現方式吧♪

利用行程的「時間流動」，做出各種變化

將發生的大小事「編號」排列

-2018
2018.9.
KANSAI-
15 - 20
1
居酒屋 ニューエビスノ
2
純喫茶 アメリカン
3
お好み焼 はつせ
4
たこやき
わなか・はなだこ
5
tea room マヅラ
6
うどんすき 美々卯
7
TRAVELING COFFEE
8
CAFE KOCSI
9
ベーカリーレストラン
進々堂
10
下鴨神社
11
BOULANGERIE
ナカガワ小麦店
12
book cafe
Ital Gabon
13
北野天満宮
14
L'atelier de coquin
HANAKAGO
15
COFFEE
月と6ペンス
16
HOTEL
ANTEROOM KYOTO
17
WORLD COFFEE
18
食事処 冨美家

Point

將按照時間寫在計畫表和彙總表上的行程編號排列，就能依序掌握。別忘了順著視線從左上往右下排列。

將時刻用「價格」呈現

MENU 2019.1.3
8
Faubourg Paris 8.15
Stepho's Souvlaki Greek Taverna 12.00
Brandon & Joanny's No Frills 13.30
Safeway Robson 14.00
Whole Foods Market 14.30
Caffè Artigiano 15.00
Red Racer Taphouse 18.45
YVR - Airport 11.00
JAL 017 13.10
MENU 2019.1.4
STEPHO'S SOUVLAKIA LAMB
MEATS ROAST LAMB
Artigiano
Red Racer
カフェとスーパーめぐり。

Point

出國用餐的時候，看到餐廳菜單的價格會標示到小數點以下，就起了用在行程上的念頭。發生的事情也要記得用「餐點名稱」的風格表示喔！

三餐用順序、車站或街道、週或季節分類整理

「編號」用在套餐料理也可以

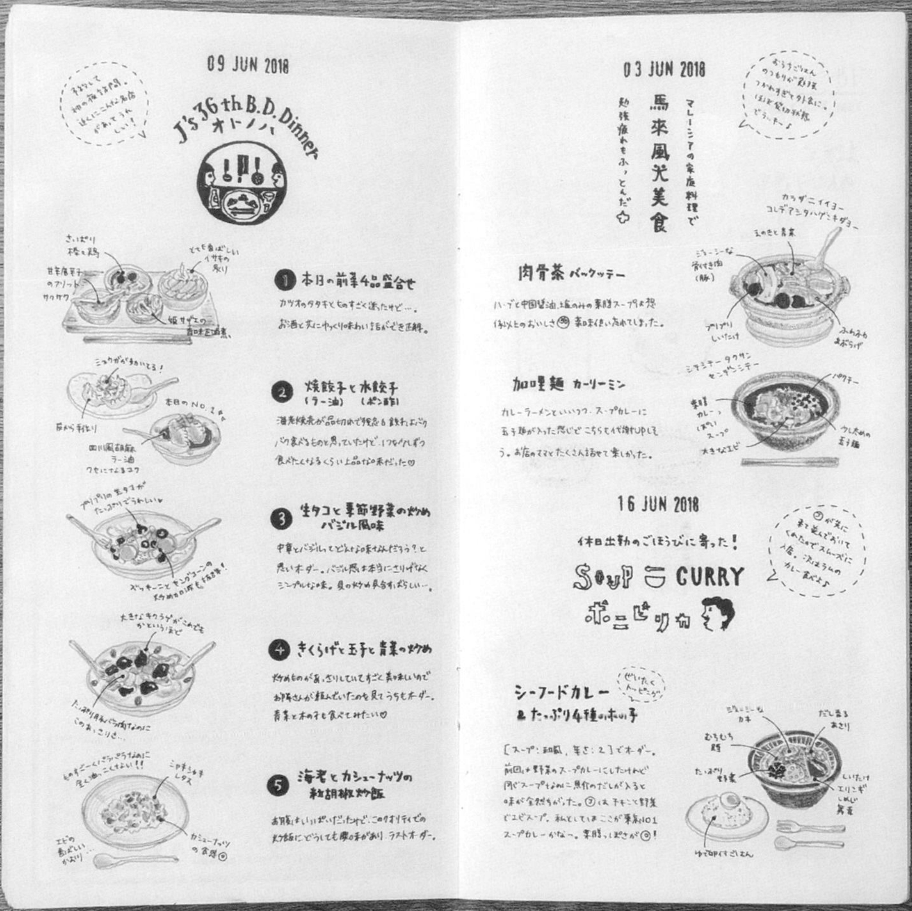

09 JUN 2018
J's 36th B.D. Dinner
オトノハ
本日の前菜4品盛合せ
焼餃子と水餃子
生タコと季節野菜の炒め バジル風味
きくらげと玉子と青菜の炒め
海老とカシューナッツの黒胡椒炒飯
03 JUN 2018
馬來風光美食
肉骨茶 バクテー
加哩麺 カリーミン
16 JUN 2018
休日出勤のごほうびに寄った!
SOUP CURRY
シーフードカレー

Point

吃套餐的時候，每道餐點會待客人用完依序上桌，好處是每段間隔時間也能樂在其中。而且套餐的安排也包含主廚的巧思。就和p96的行程紀錄相同，將餐點的順序「編號」排列也很有用。

造訪過的店家以「車站、街道」為單位記錄

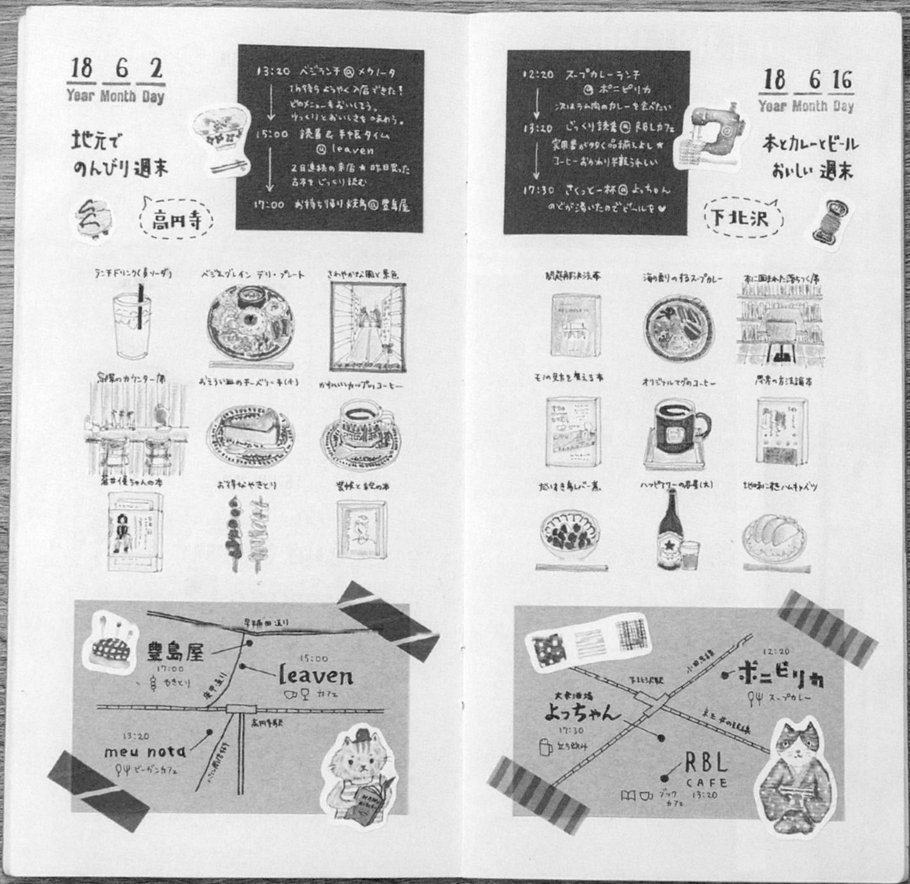
18 6 2
Year Month Day
地元で
のんびり週末
高円寺
15:00 読書 & 手帳タイム
@ leaven
豊島屋
17:00
leaven
15:00
meu nota
13:20
18 6 16
Year Month Day
本とカレーとビール
おいしい週末
下北沢
12:20 スープカレーランチ
@ ポニピリカ
13:20 じっくり読書 @ RBLカフェ
17:30 さくっと一杯 @ よっちゃん
ポニピリカ
12:20
よっちゃん
17:30
RBL
CAFE
13:20

Point

如果遇到車站或街道本身就頗具特色的地點，如高円寺、下北澤等，建議不以餐廳為單位，用「XX車站、XX地方的食物」來整理比較理想。加上簡單的足跡地圖更增添旅遊感。

將複數天數「連結」在一起

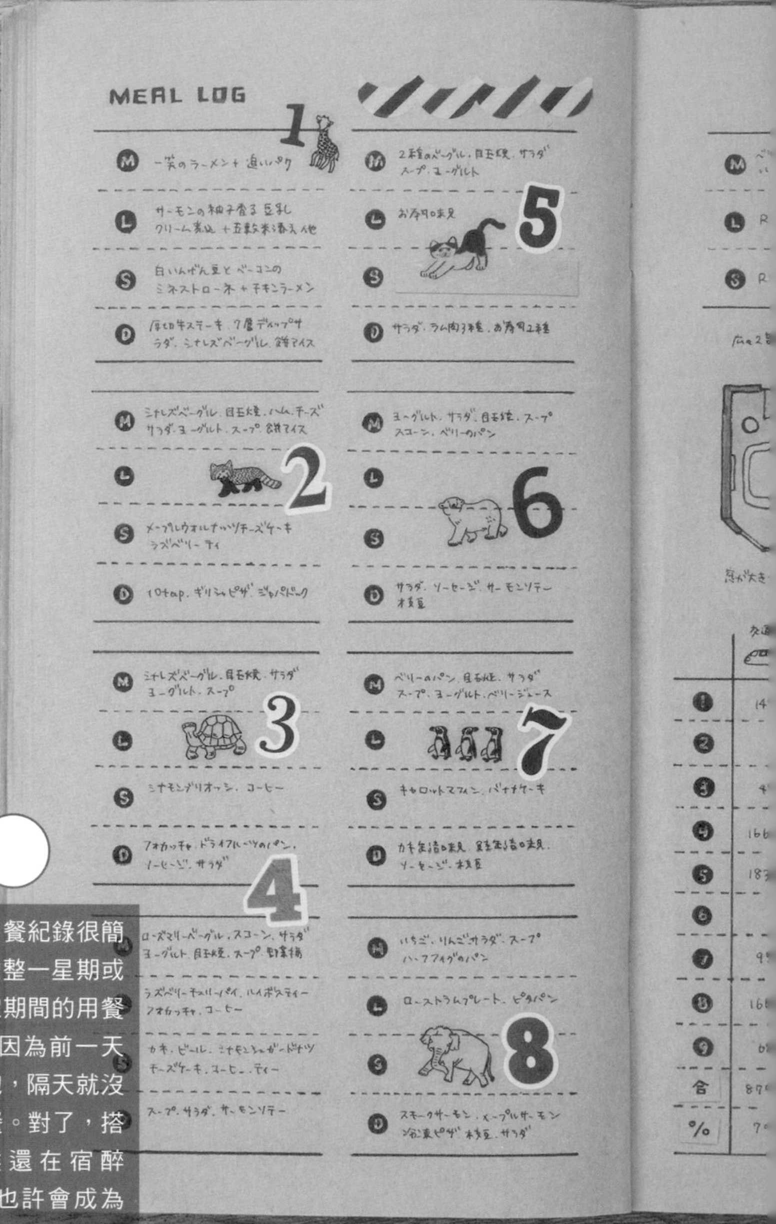
MEAL LOG

Point

單看一天的用餐紀錄很簡單，但如果彙整一星期或十天這樣固定期間的用餐紀錄，「這天因為前一天太開心吃太飽，隔天就沒吃早餐和午餐。對了，搭電車的時候還在宿醉……」，這些也許會成為記起旅途中大小事的契機。

按照「季節」整理

JUN.23 セブンの いちご練乳氷♡
ice cream
JUL マミーの 朝食最高に おいしい!
home cooking
サントリー美術館の 帰りに!
JUL.22
AUG.11 アンティコ カフェ
前菜盛合せ 極上和牛3点盛
なつのおいしいもの 2019
iced coffee
札幌のマルセイコーヒー 待ち時間に。
JUL.15
つくねと
yaki niku
牛タン
ハラミと ロース
AUG.11
fish
AUG.19
いつも 食べすぎる…
イチボと焼野菜
beer
JUL.10 小豆島のまめまめビール 妹からのお祝い!うれしい!!
あか
くろ
しろ
NO1
お得な 3種のクラフトビール飲み比べ
妹が東京に来た! 虎ノ門Vector Beer
JUL.27

Point

日本的春夏秋冬四季分明。每個季節都有當季應該要吃的食材，比如說夏天要喝冰咖啡、冰啤酒和冰淇淋，還有防中暑的燒肉。盂蘭盆假期回老家吃到久違的媽媽味，也是夏天的重要回憶。季節變換可以從旅行手帳當中感受到喔。

留意足跡地圖軌跡做點小變化

手繪地圖不需要追求「正確性」

2019.2.21
Stop By Day
15:15
START!
16:00
17:00
START!
2019.2.27

Point

常有人在IG上問我「把地圖畫好的祕訣是……？」，所以我就做了這一頁。我把出遊路線畫成火車鐵軌，再加上一點電車的插圖，完全沒有考慮距離或方向那些地形上的正確性。足跡地圖只要能一眼看出當天去了哪裡就算達成任務。

剪剪貼貼「紙膠帶」

2018 9-12
TOKYO YUMMY WALK
CHUO-LINE
YAMANOTE-LINE
KICHIJOJI
MITAKA
ASAGAYA
IKEBUKURO
TOKYO
SHIBUYA
SHINBASHI
EBISU
18 11 18
18 12 12
18 12 17
18 12 4
18 9 23
18 12 21
18 12 23
18 12 9
Year Month Day

Point

就算是簡單的手繪線條地圖也總是畫不好……這樣的話不妨將紙膠帶剪成細條狀貼貼看呢？上圖是以東京路線圖為模板，挑選自己去過的車站畫出的地圖。地形圖也許有些複雜，但是路線圖原本就經過簡化，很容易拿來當基底運用喔。

在地圖上放入「適當的標的物」

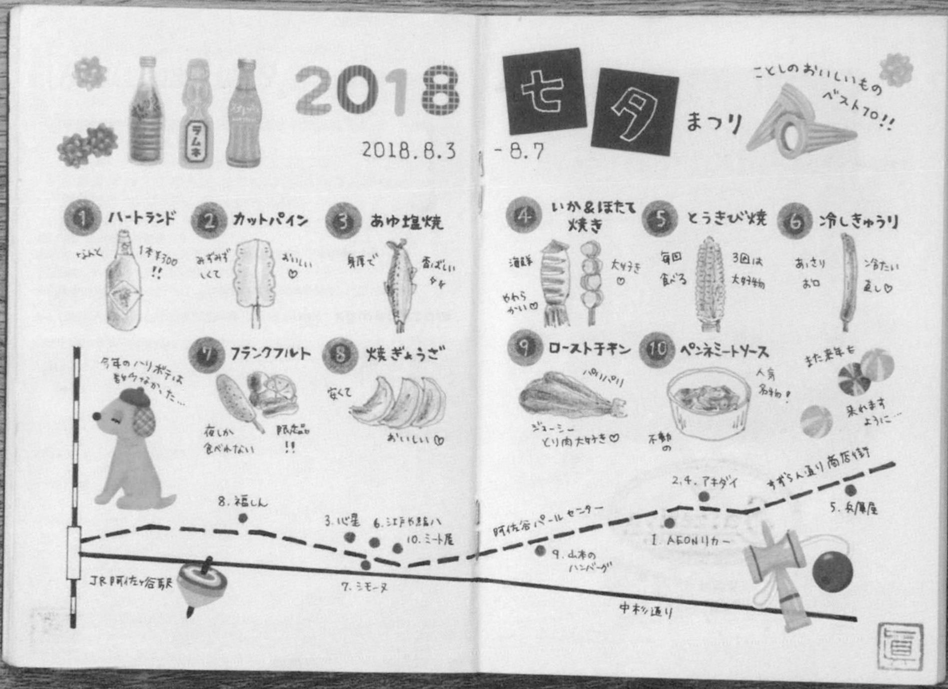

2018
七夕
まつり
2018.8.3 -8.7
ことしのおいしいもの
ベスト10!!
1 ハートランド
2 カットパイン
3 あゆ塩焼
4 いか&ほたて焼き
5 とうきび焼
6 冷しきゅうり
7 フランクフルト
8 焼ぎょうざ
9 ローストチキン
10 ペンネミートソース
JR阿佐ヶ谷駅
阿佐谷パールセンター
すずらん通り商店街
中杉通り

Point

上圖是2018年、旁邊那一頁是2017年，兩頁都是夏日祭典的回憶。只要標示出JR車站和鐵路、周邊主要幹道、轉角和岔路等等可以掌握實際情景的標的物，就是很充實的足跡地圖。

將感受「直接表現」

JR阿佐ヶ谷駅
鉢の木
¥700
¥300
¥500
¥150
江戸や鮨八
山本のハンバーグ
ペンネミートソース500円
今年の私的NO.1
AEON LIQUOR
七夕まつり
第64回
阿佐谷
0 5 AUG 2017

Point

這一年的夏日祭典中，我印象最深刻的部分是穿浴衣走在蜿蜒的商街遊逛一間間的攤販，所以如實將彎曲街道畫了出來。面對回憶中重要的部分，關鍵是直接把內心感受記錄下來。

試著聚焦在人物身上

把人物照片剪成「被拍照的對象」

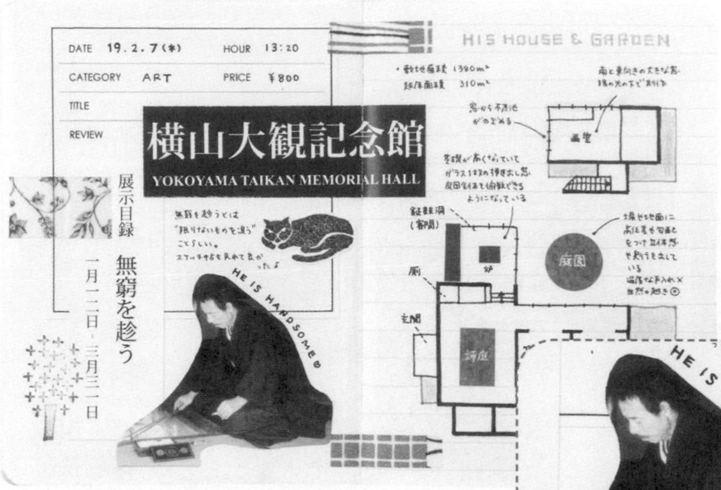
DATE 19.2.7(木)
HOUR 13:20
CATEGORY ART
PRICE ¥800
TITLE
REVIEW
横山大観記念館
YOKOYAMA TAIKAN MEMORIAL HALL
展示目録
無窮を趁う
一月二日-三月二日
HIS HOUSE & GARDEN
HE IS HANDSOME

HE IS HANDSOME

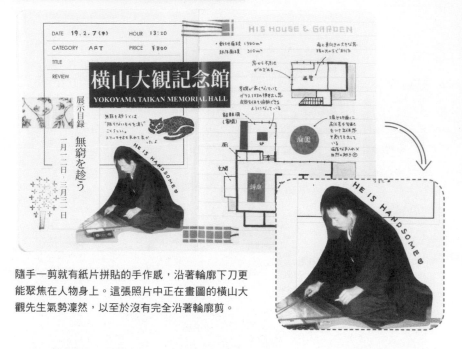

隨手一剪就有紙片拼貼的手作感，沿著輪廓下刀更能聚焦在人物身上。這張照片中正在畫圖的橫山大觀先生氣勢凜然，以至於沒有完全沿著輪廓剪。

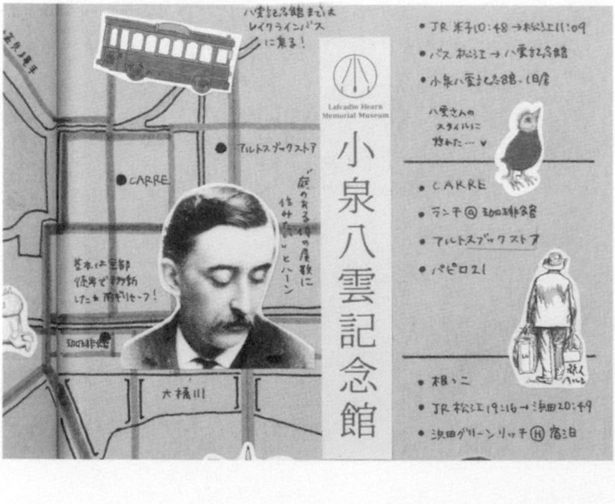
Lafcadio Hearn Memorial Museum
小泉八雲記念館
CARRE

焦點放在上半身打造「肖像畫」Style

即使都是人物照片，換一下呈現的角度就能帶給人截然不同的印象。這張照片中的小泉八雲先生，眼神向下的憂愁神情是最大特徵，所以我選擇保留胸部以上的部分剪貼。

試著聚焦在建築物上

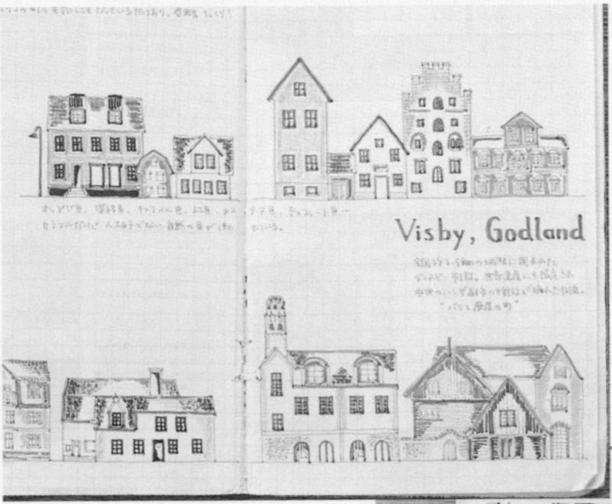
Visby, Godland

熟悉的街頭素描畫

因為職業的關係，旅途中很多時間會著重在建築物上，也正在研究各種記錄的方式。如果是家屋外觀等題材，畫一排就能自然營造出一體感，即使不是實際上看到的景色，也能呈現街道風情。

街景標本相簿

我將鄉村風味的街道照片像標本一樣貼成好幾排，點綴幾張畫在牛皮紙上的手繪插圖也很加分。

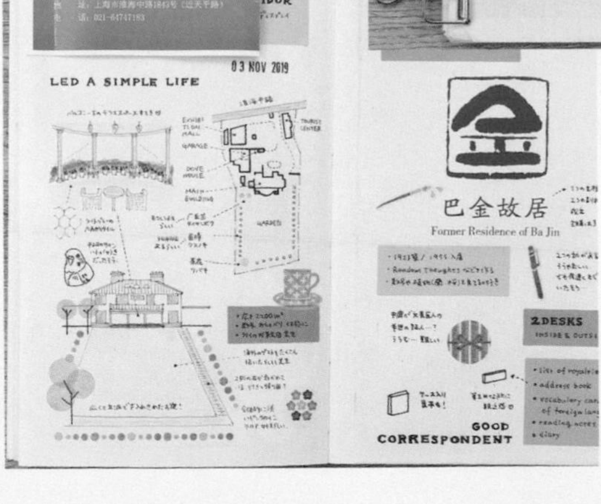
03 NOV 2019
LED A SIMPLE LIFE
巴金故居
Former Residence of Ba Jin
2DESKS
GOOD
CORRESPONDENT

建築解剖風素描畫

將照片中看不到的周邊環境或構造設計詳實地彙整也可以。盡量以客觀的角度記錄下自己覺得這棟建築「好厲害」的理由。

KITTA
BIRTHDAY
WEEKEND
PLANNING
NIGHT
DAYTIME
my work
museum

Special column

輕鬆風格的
日常手帳

Soft
arrange ideas

忙碌的每一天，
總是找不到充足的作業時間、
下定決心要做的頁面做不成……
這時先做一本輕鬆的小手帳
也許是不錯的選擇。
除了旅行，
也會介紹如何整理日常點滴。

把想珍藏的週末用手帳記錄♡

要把每個週末發生的事一一記錄下來雖然很困難，
但是生日或紀念日這種一年只有幾天的「特別週末」，做成手帳應該挺不賴的。
取出重要的精華部分，整理成可愛的小小手帳吧。

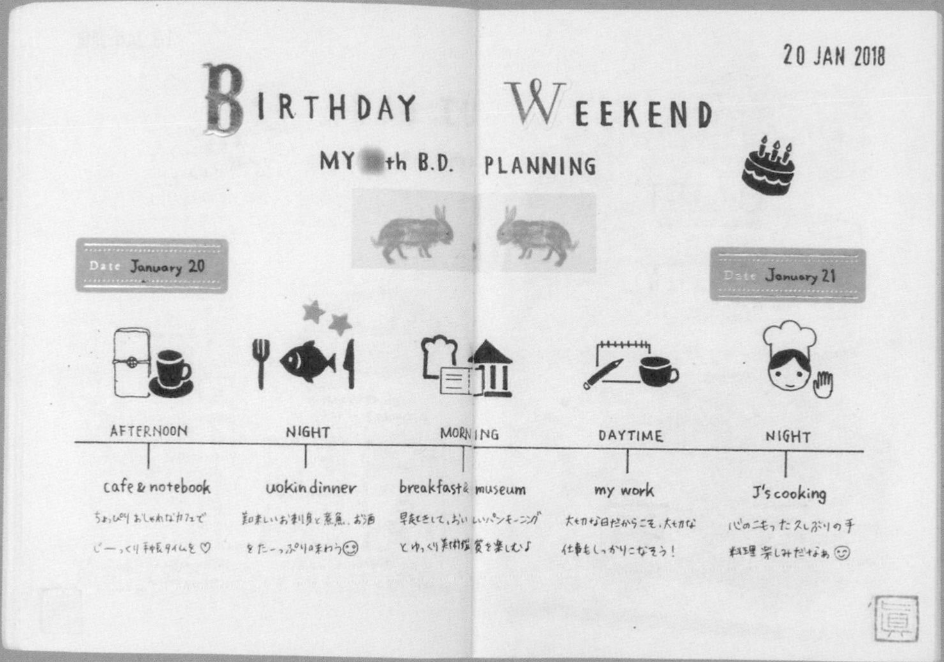
20 JAN 2018
BIRTHDAY WEEKEND
MY th B.D. PLANNING
Date January 20
Date January 21
AFTERNOON
NIGHT
MORNING
DAYTIME
NIGHT
cafe & notebook
ちょっぴりおしゃれなカフェで
じーっくり手帳タイムを♡
uokin dinner
美味しいお刺身と煮魚、お酒
をたーっぷり味わう
breakfast & museum
早起きして、おいしいパンモーニング
とゆっくり美術鑑賞を楽しむ♪
my work
大切な日だからこそ、大切な
仕事もしっかりこなそう！
J's cooking
心のこもった久しぶりの手
料理楽しみだなぁ

Variation
Jetstar
HOME COMING
MORIHICO.
Discoat

白熊返鄉手帳

將週末返鄉時光做成手帳內容。發現新的店、在路過的服飾店買東西、久違的家庭聚餐，這些都會成為溫暖回憶的一環。瞬間為小時候熟悉的風景增添幾許新鮮感。

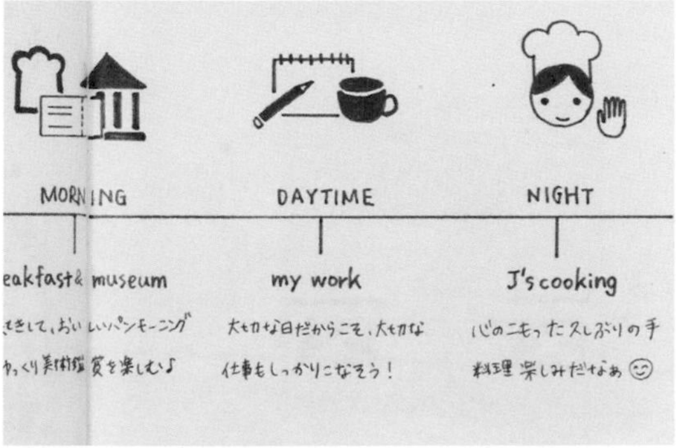
MORNING
DAYTIME
NIGHT
eakfast& museum
my work
J's cooking
きて、おいしいパンモーニング
っくり美術鑑賞を楽しむ♪
大切な日だからこそ、大切な
仕事もしっかりこなそう！
心のこもった久しぶりの手
料理楽しみだなぁ

Point

因為只有一～兩天，所以只需畫一條線，在上面做記號將發生的事記下來就好。

Point

黑白色調的插圖讓版面維持簡約感。

BIRTHDAY
MY
th B.D.

Point

標題用金色的文字貼紙增加華麗感。

無插畫！簡易行前手帳

出發前的準備頁面，
也用小型筆記本條列整理，就能簡單完成。
這一頁是利用出發當天早上，搭新幹線前的半小時做的。

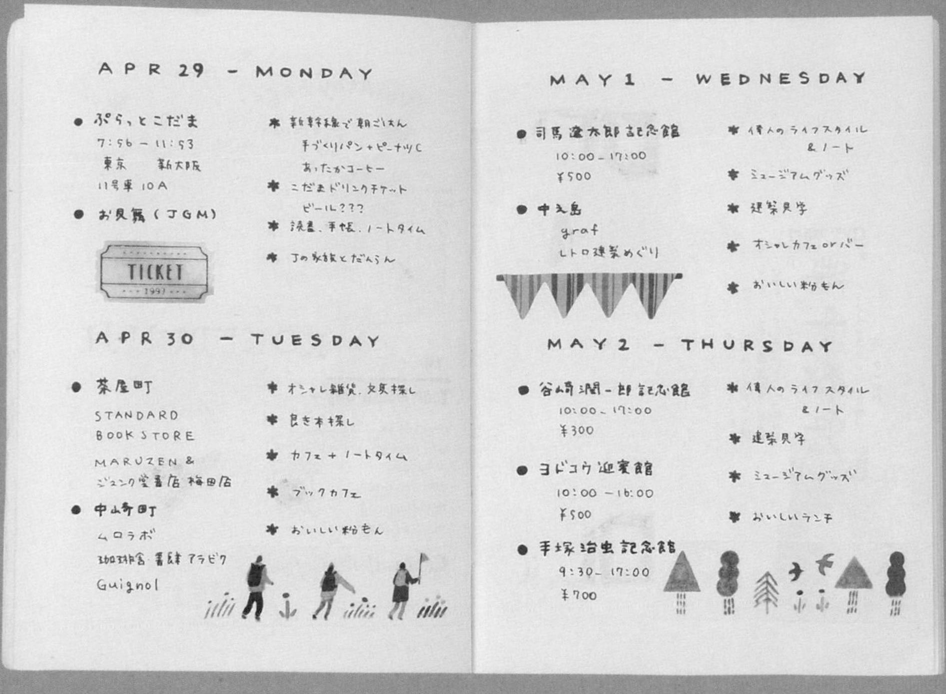

APR 29 - MONDAY
ぷらっとこだま
7:56 - 11:53
東京 新大阪
11号車 10A
お見舞（JGM）
TICKET
APR 30 - TUESDAY
茶屋町
STANDARD BOOK STORE
MARUZEN & ジュンク堂書店 梅田店
中崎町
ムロラボ
Guignol
カフェ + ノートタイム
ブックカフェ
おいしい粉もん
MAY 1 - WEDNESDAY
司馬遼太郎記念館
10:00 - 17:00
¥500
中之島
graf
ミュージアムグッズ
建築見学
おいしい粉もん
MAY 2 - THURSDAY
谷崎潤一郎記念館
10:00 - 17:00
¥300
ヨドコウ迎賓館
10:00 - 16:00
¥500
手塚治虫記念館
9:30 - 17:00
¥700
建築見学
ミュージアムグッズ
おいしいランチ

Variation

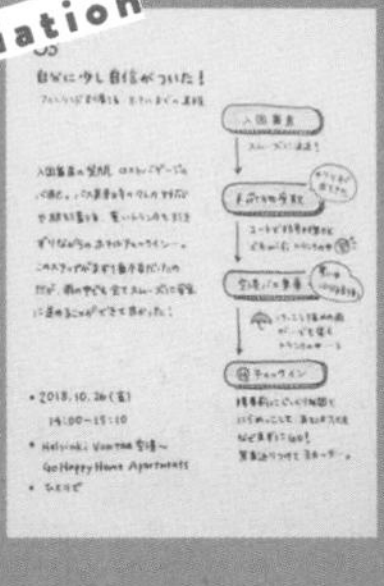

芬蘭旅後手帳

旅後手帳其實不靠插圖也能完成。用簡單的圖表整理行程後，以色鉛筆著色，就是頁面的小裝飾。

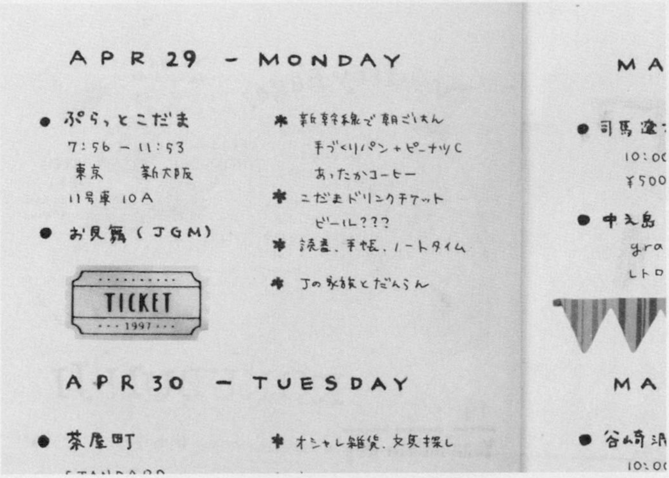
APR 29 - MONDAY
ぷらっとこだま
7:56 - 11:53
東京 新大阪
11号車 10A
新幹線で朝ごはん
手づくりパン+ピーナツC
あったかコーヒー
こだまドリンクチケット
ビール???
読書、手帳、ノートタイム
Jの家族とだんらん
TICKET
1997
APR 30 - TUESDAY
茶屋町
オシャレ雑貨、文具探し

Point

基本上，行程或待辦事項用條列式書寫即可。利用「●」等不同的條列符號區分，應該會顯得更清楚。

おいしい粉もん
MAY 2 - THURSDAY
谷崎潤一郎記念館
10:00 - 17:00
¥300
偉人のライフスタイル
&ノート
建築見学
ヨドコウ迎賓館
10:00 - 16:00
¥500
ミュージアムグッズ
おいしいランチ
手塚治虫記念館
9:30 - 17:00
¥700

Point

整頁只有文字的話有些單調，可以簡單地用裝飾文具點綴。「KITTA」系列的貼紙很像紙膠帶，省去剪貼的時間。

開心做手帳♪大人的美勞課時間

想在日常生活中做點「勞作」……
這樣的你可以在「剪」、「貼」上多下點功夫。
回想一下小時候期待畫圖和美勞的心情吧！

用美術紙變出當季水果圖案

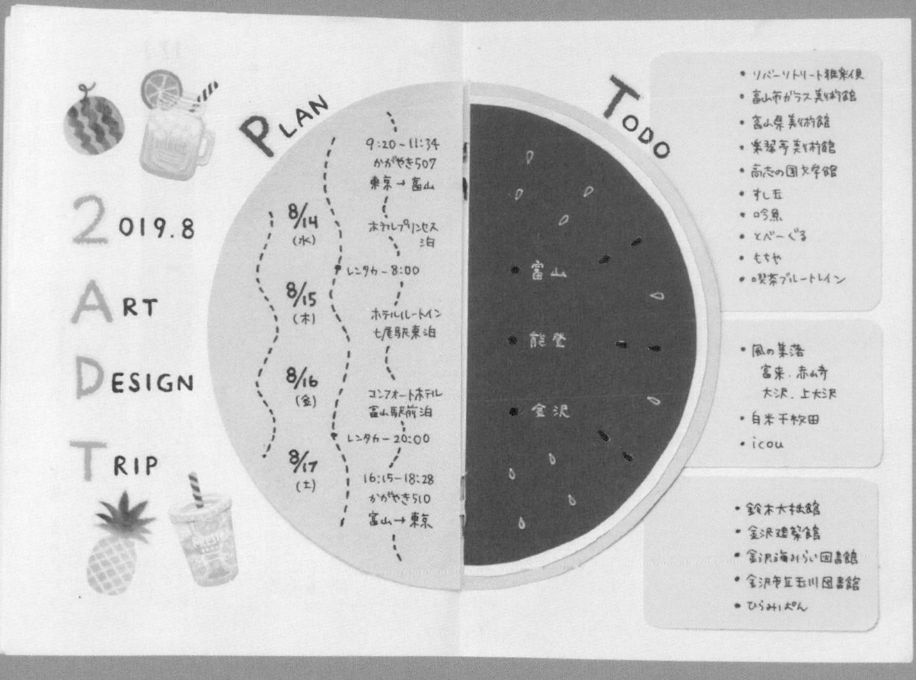

PLAN
TODO
2019.8
ART
DESIGN
TRIP
8/14 (水)
8/15 (木)
8/16 (金)
8/17 (土)
9:20~11:34
かがやき507
東京→富山
レンタカー 8:00
レンタカー 20:00
16:15~18:28
かがやき510
富山→東京
富山
能登
金沢

Variation

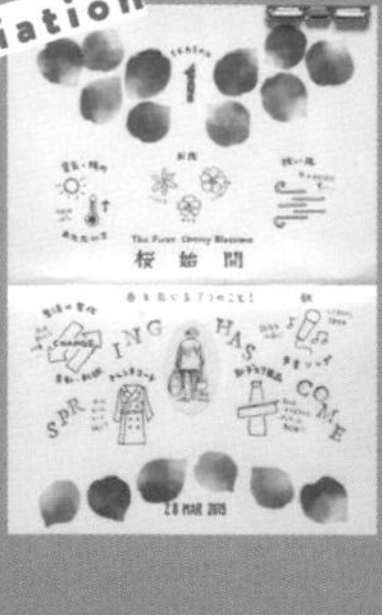

The First Cherry Blossom
桜始開
SPRING HAS COME

試試以季節當主題

善用季節為主題可以營造出季節感。左圖使用櫻花花瓣形狀的貼紙，用色紙代替也可以。剪成落葉形狀就是秋天、西瓜換成橘子也能一下子變成冬天。

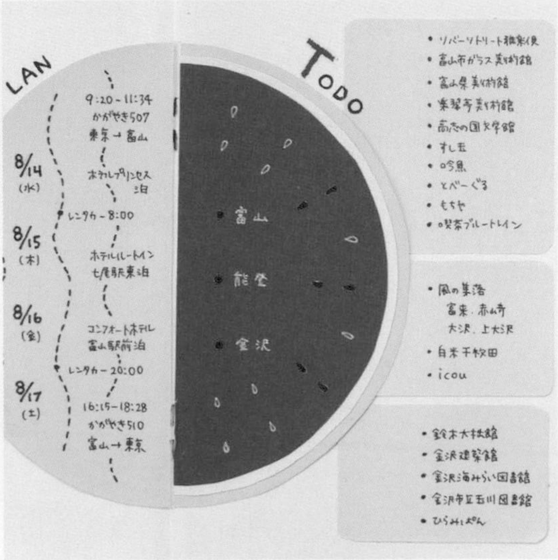

LAN
TODO
8/14 (水)
8/15 (木)
8/16 (金)
8/17 (土)
富山
能登
金沢
icou

Point

西瓜的條紋表示「時間的流動」，種子的顏色代表不同的「項目線」。用一點小巧思讓頁面兼具實用性和趣味性。

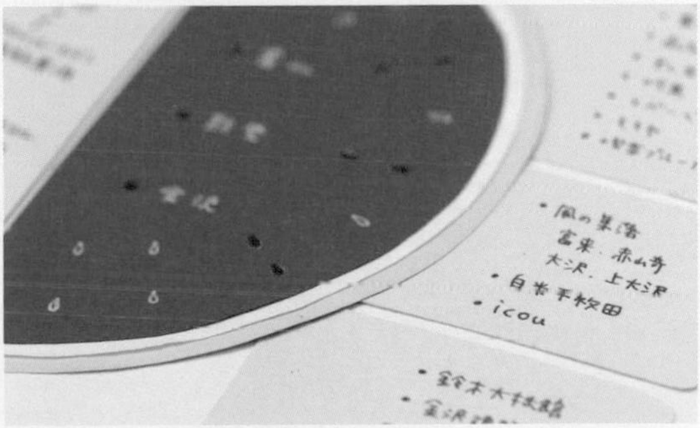

icou

Point

將紅色、黃綠色和白色的三色美術紙剪成圓形疊貼，最後畫上種子就變身成一顆西瓜。

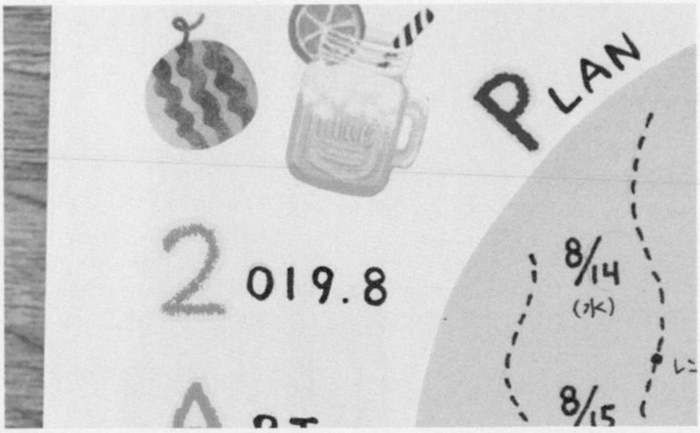

PLAN
2019.8
8/14 (水)
8/15

Point

標題使用和西瓜相同的黃綠色文字貼紙讓色調一致，大人感的用心就展現在這些小細節！

美術紙打造清爽的條紋底色

12 JUL 2019
BIBAI ★ DRIVE
11:00
Pの運転でドライブスタート！ちょっと雨模様なのが心配…
12:00
14:30 岩見沢駅
14:00
たつみ屋八
千支もとり
もつ賑かさ

Variation

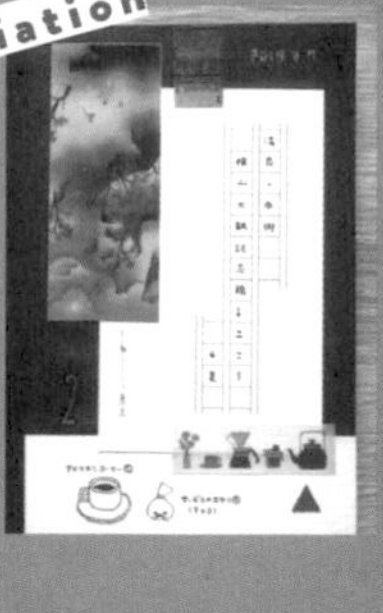

講究的背景讓時尚度UP

單用也很美的一筆箋在手帳上能成為帥氣的背景。用紙膠帶加點裝飾讓頁面一下子變得好時尚。

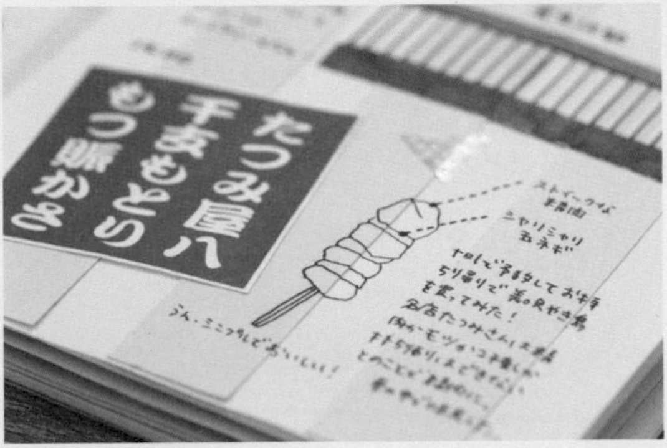

Point

將藍色和黃色等夏天色彩的美術紙剪成長條狀，間隔平均地貼在頁面上就是條紋圖案。

12:00
古い廃校を美術館に
アルテピアッツァ美唄

Point

連結每件大小事的箭頭符號用三角形貼紙營造節奏感。建築物用的是三色美術紙和牛奶筆，心情像是在上勞作課。

BIBAI
11:00

Point

背景、文字和插圖風格較簡單，所以標題採用特色強烈的設計感文字貼紙。

Q & A

要做出屬於自己的旅行手帳，
經歷反覆的嘗試和錯誤是家常便飯，偶爾也會迷失方向。
因此我將 Instagram 上經常收到的疑問和答覆整理出來，
挑選大家都可以自由運用的創意，希望能成為你們創造自己風格的參考。

Question

1

完成一個跨頁
需要花多少時間呢？
一天就能做好嗎？

A ⇒ 依內容而定，平均**7~8**小時左右（平日**1~2**小時、假日**3~4**小時，總共一星期）。如果太心急，可能會沒注意到細微的語氣或重要資訊，所以我會多花點時間。也會積極把握上班前和午休時間。

Question

2

工作家庭兩頭燒，
很想寫手帳卻實在找不到時間……
可以告訴我有效率的方法嗎？

A ⇒ 不要想著立刻就要開始寫手帳，先決定「我要寫什麼主題」。善用空閒時間整理旅遊資訊，就算不在家也能動工。用用看**p126~p127**下載的表格吧 明確劃分「思考時間」和「製作時間」是提高效率的關鍵。

Question

3

沒有畫圖天分，字也寫得很醜，
怎麼樣才能做出漂亮的手帳呢？

A ⟹ 乾脆走簡單路線呢？IG上有很多外國人做的旅行手帳，圖畫很少，有些還是黑白的，反而看起來更有味道。不過，記得讓版面好讀，比如說採用風格一致的標題等等。使用方格筆記是不錯的方式。

Question

4

雖然很想動筆，但總是感到挫折，
好幾次都半途而廢。
持續製作旅行手帳的訣竅是什麼？

A ⟹ 製造一些「讓寫手帳這件事本身變得開心」的要素吧。比如說，用可愛的印章和紙膠帶裝飾、選擇一本拿著就好喜歡的筆記本、找一間讓製作過程更順利的咖啡廳等等。用心讓自己保持新鮮感很重要。

Question

5

好忙、身體狀況不好等等的時候，
無法出門旅行也沒東西可以寫，
曾經有這樣的經驗嗎？

A ⟹ 有時候就是提不起勁旅行或出遊。即使如此，我覺得在日常生活中也能試著收集許多「小確幸」。舉例來說，吃吃看便利商店賣的各國零食做出個人專屬排行榜、重新檢視下次旅行要帶的東西寫在手帳上。好好把握這樣的時間，讓自己成為尋找日常「偽旅行瞬間」的高手吧！

寫在最後　Epilogue

非常感謝各位在眾多書籍中選擇了這一本！

即使只有一點點，可以和喜愛旅行和手帳的你們分享這本書的想法，我感到非常開心。

除了照片，還想留下一些更能讓我感受到自己曾經旅行的東西……我的旅行手帳就在這樣單純的想法中萌芽，現在成為了與日本和世界上的人們產生溫暖連結的重要存在。
特別是透過Instagram，我收到許許多多的訊息，像是「原來可以透過手帳享受旅行」、「下次去這裡的時候就用手帳取代導覽書」、「歡迎拜訪我住的地方，推薦〇〇喔」、「重新發現我住的地方的好」等等，成為我快樂做手帳的重要動力。

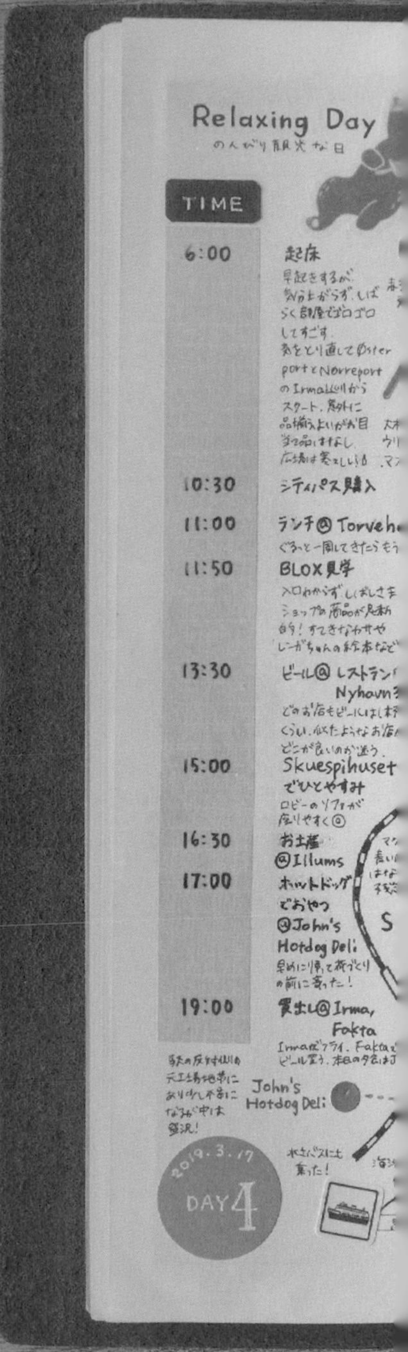
Relaxing Day
TIME
6:00
起床
10:30
シティパス購入
11:00
11:50
BLOX見学
13:30
15:00
Skuespihuset
16:30
@Illums
17:00
ホットドッグ
@John's
Hotdog Deli
19:00
John's
Hotdog Deli
2019.3.17
DAY4

SMORREBRØD OG DELIKATESSER
CAFE BEER
Illums
SHOPPING
王立図書館
BLOX
John's
Pils Beer here
HOT DOG
ICELAND
ICELAND AIR!
DENMARK
2019.3.18
DAY 5
TIME
5:30
起床
8:30
朝食
9:00
ランチ買出し
@Brugsen. Irma
10:00
DSBで空港へ
10:50
コーヒー
@セブンイレブン
BREAK FAST
LUNCH
12:55
CPH Lufthavn発
FI205
ARCHITECTURE
15:50
Keflavík Flugvöllur着
RAMB
18:00
チェックイン@Live as locals APT
18:30
買出し@BONUS
19:00
夕食
LIGHT BEER
The Second Visit to ICELAND

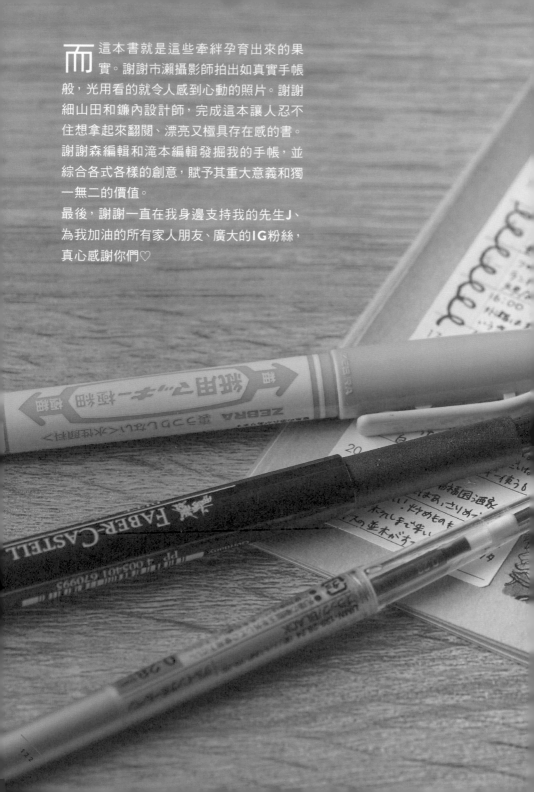

而這本書就是這些牽絆孕育出來的果實。謝謝市瀨攝影師拍出如真實手帳般，光用看的就令人感到心動的照片。謝謝細山田和鐮內設計師，完成這本讓人忍不住想拿起來翻閱、漂亮又極具存在感的書。謝謝森編輯和滝本編輯發掘我的手帳，並綜合各式各樣的創意，賦予其重大意義和獨一無二的價值。

最後，謝謝一直在我身邊支持我的先生J、為我加油的所有家人朋友、廣大的IG粉絲，真心感謝你們♡

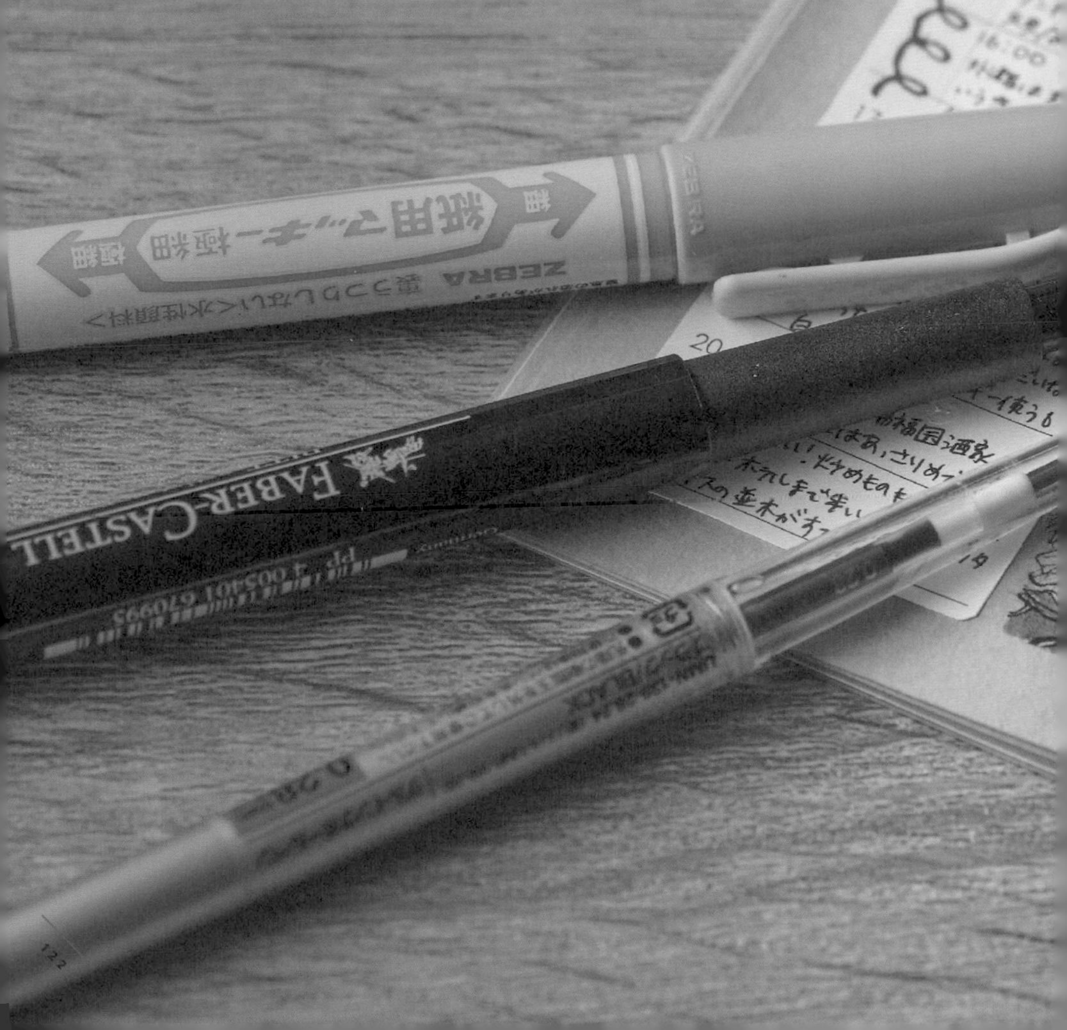

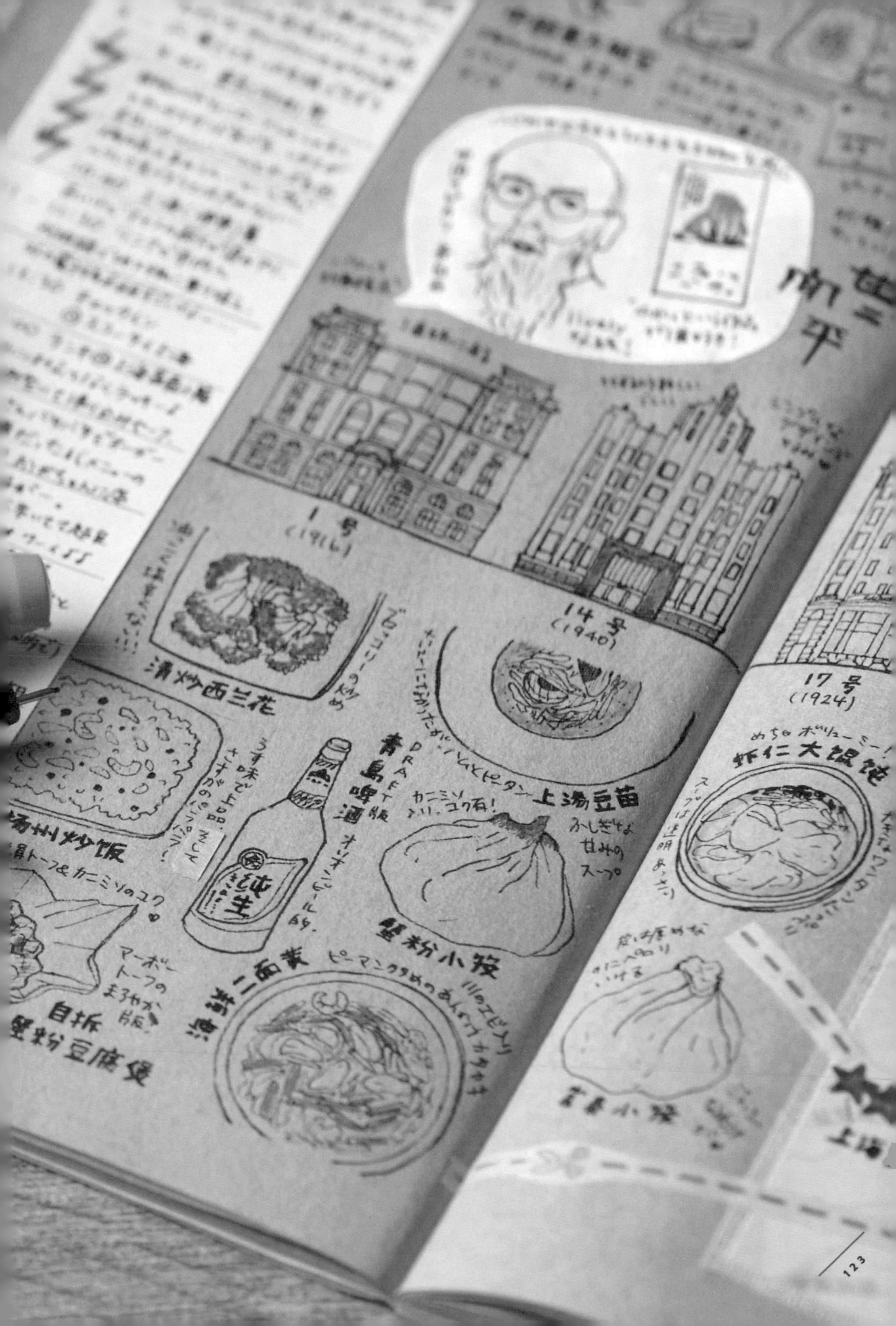

1号
(1916)
14号
(1940)
17号
(1924)
清炒西兰花
ブロッコリーの炒め
揚州炒飯
青島啤酒
DRAFT版
純生
上湯豆苗
カニミソ入り、ユク有!
ふしぎな甘みのスープ
蟹粉小籠
めちゃボリューミー!
蝦仁大餛飩
スープは透明あっさり
マーボートーフのまろやか版

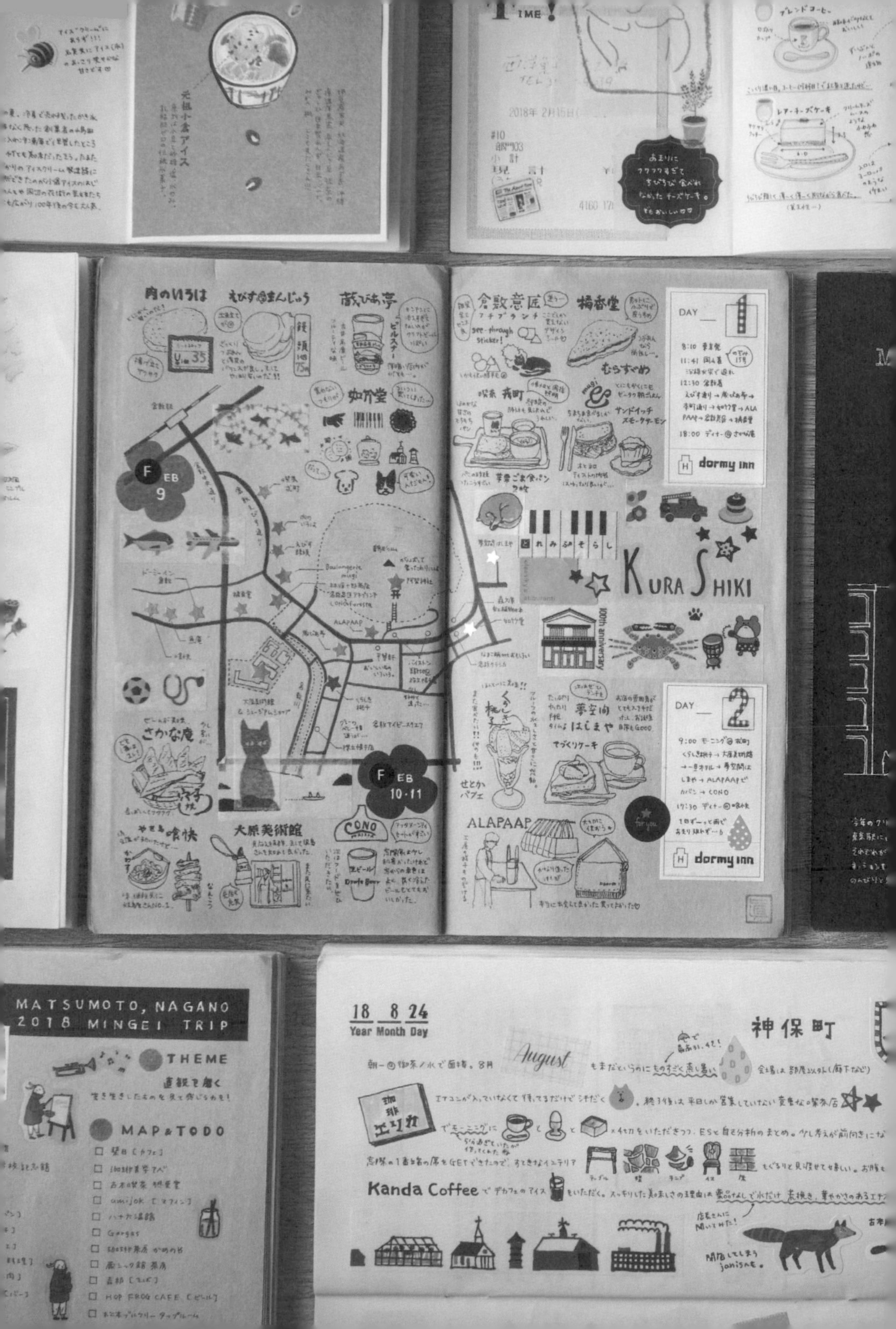

元祖小倉アイス
2018年 2月15日
肉のいろは
えびす饅まんじゅう
倉敷意匠
橘香堂
むらすずめ
如竹堂
DAY 1
8:10 東京発
11:41 岡山着
12:30 倉敷着
18:00 ディナー
dormy inn
KURASHIKI
さかな處
大原美術館
CONO
ALAPAAP
せとかパフェ
DAY 2
9:00 モーニング
17:30 ディナー
dormy inn
MATSUMOTO, NAGANO
2018 MINGEI TRIP
THEME
MAP&TODO
18 8 24
Year Month Day
August
神保町
Kanda Coffee

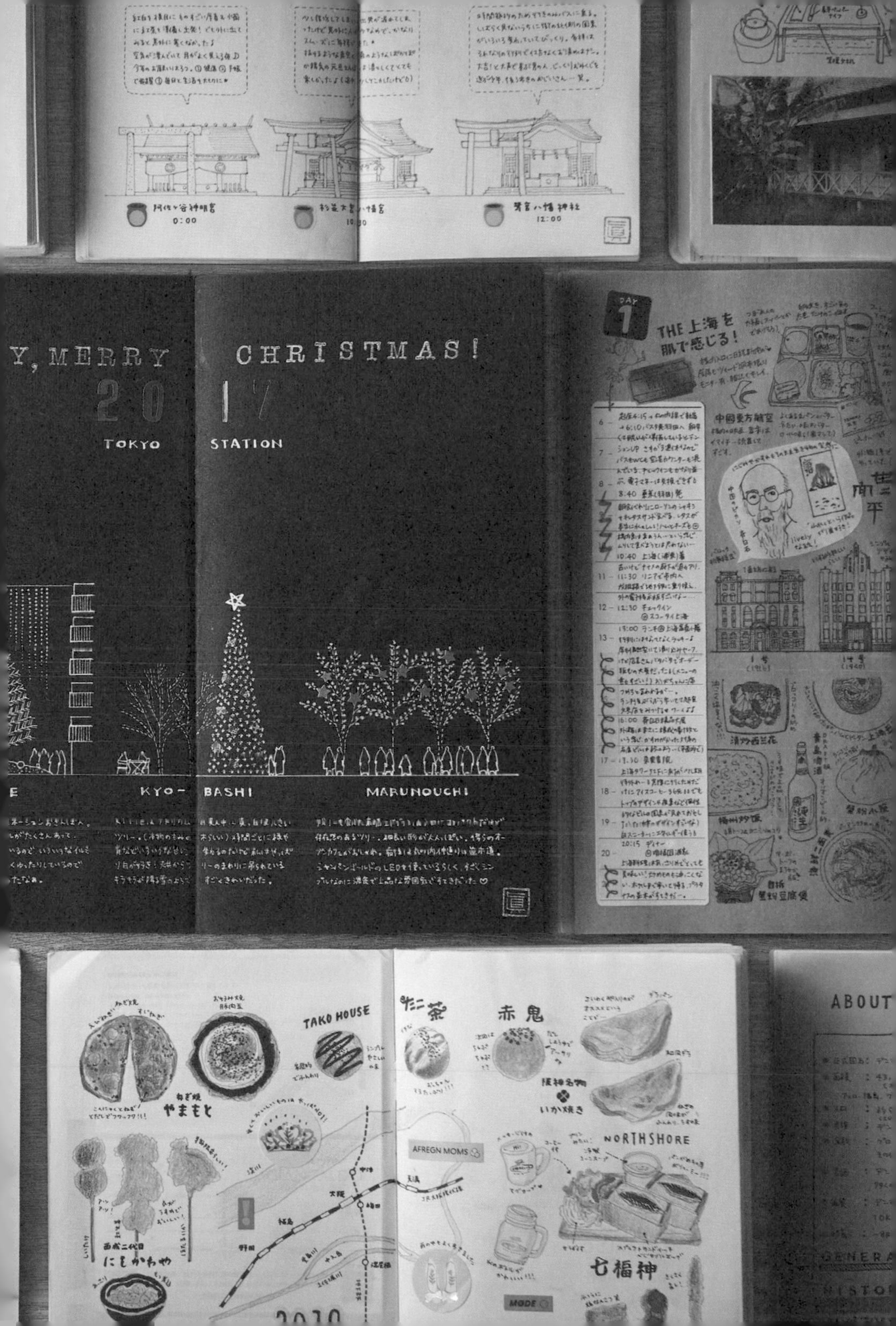

Y, MERRY CHRISTMAS!
20 17
TOKYO STATION
KYO-BASHI
MARUNOUCHI
DAY 1
THE上海を肌で感じる!
中國東方航空
TAKO HOUSE
赤鬼
やまもと
にしかわや
阪神名物
いか焼き
NORTHSHORE
七福神
ABOUT

請依照以下步驟讀取 **QR Code**。

1. 用手機打開可以讀取 **QR Code** 的應用程式。
2. 將手機對準本書的**QR Code**。
3. 手機會跳出確認畫面，按下確認。
4. 接著會跳出下載表格的網站，請由此下載。
5. 使用家中印表機或便利商店列印後使用。

QR Code

請由此下載用於製作旅行手帳的實用表格。

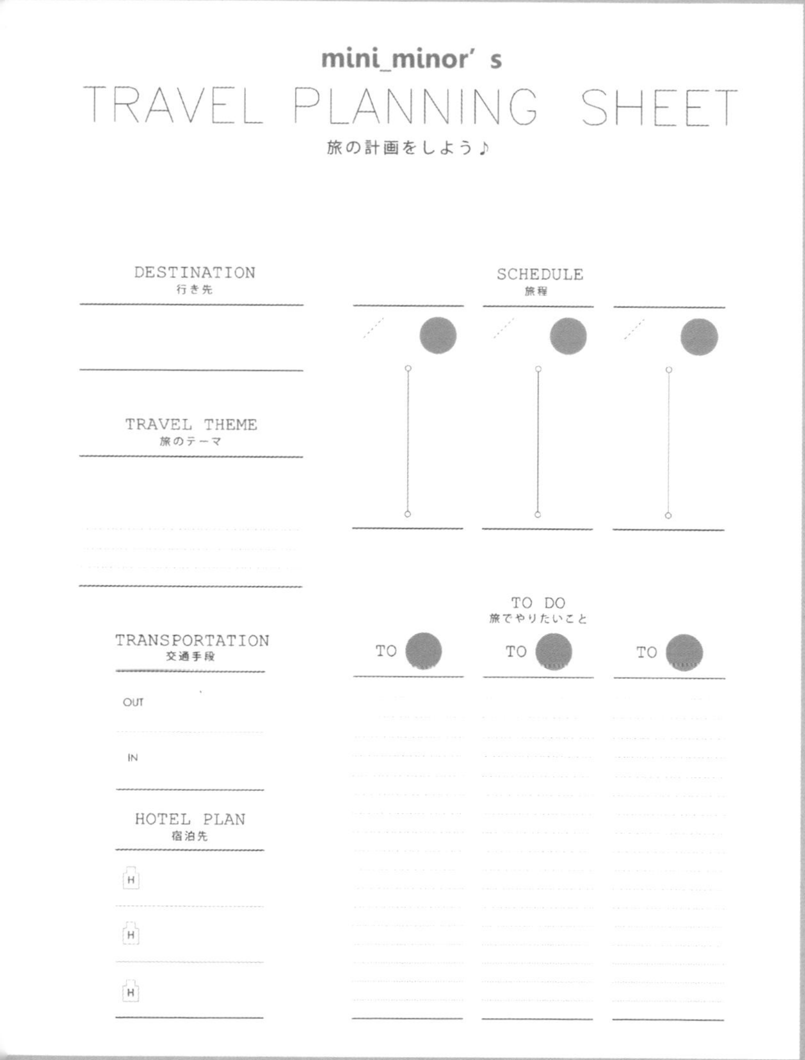
mini_minor’s

TRAVEL PLANNING SHEET

旅の計画をしよう♪

DESTINATION
行き先

TRAVEL THEME
旅のテーマ

TRANSPORTATION
交通手段

OUT

IN

HOTEL PLAN
宿泊先

H

H

H

SCHEDULE
旅程

TO DO
旅でやりたいこと

TO

TO

TO

Planning Sheet

參考p22、23的使用範例！